孫文《そんぶん》のスピリチュアル・メッセージ

革命の父が語る
中国民主化の理想

大川隆法
Ryuho Okawa

本霊言は、2012年2月8日幸福の科学総合本部にて公開収録された。

まえがき

今の中華人民共和国（北京政府）と中華民国（台湾）の関係や、その未来を読み解くためには、「国父《こくふ》」といわれた孫文の思想に戻って再出発すべきだ。これは日中関係を正しく理解し、平和な未来を構築するためにも重要である。

孫文は、日本の明治維新をモデルとしつつ、「三民《さんみん》主義」を基本に、民主主義的で神の下《もと》に平等な国家の建設を目指していた。

私は一九一一年の『辛亥革命《しんがいかくめい》』で、日本人が孫文を応援し、中国の近代化に貢献したことを誇りに思う。本当の意味で正しい真理を共有し、日中両国が友人となれることを願ってやまない。

二〇一二年　三月一日

幸福《こうふく》の科学《かがく》グループ創始者兼総裁《そうししゃけんそうさい》　大川隆法《おおかわりゅうほう》

孫文のスピリチュアル・メッセージ　目次

孫文《そんぶん》のスピリチュアル・メッセージ

――革命の父が語る中国民主化の理想――

二〇一二年二月八日　霊示《れいじ》

3 中国による「対日戦略」の実態とは 86

「霊言現象《れいげんげんしょう》」とは、あの世の霊存在の言葉を語り下ろす現象のことである。これは高度な悟《さと》りを開いた者に特有のものであり、「霊媒現象《れいばいげんしょう》」(トランス状態になって意識を失い、霊が一方的にしゃべる現象)とは異なる。また、外国人霊の霊言の場合には、霊言現象を行う者の言語中枢《ちゅうすう》から、必要な言葉を選び出し、日本語で語ることも可能である。

孫《そん》文《ぶん》のスピリチュアル・メッセージ

――革命の父が語る中国民主化の理想――

二〇一二年二月八日　霊示《れいじ》

孫文《そんぶん》（一八六六〜一九二五）

中国の革命家・思想家。日本などに亡命しながら清朝《しん》打倒《だとう》を指導し、一九一一年に辛亥革命《しんがいかくめい》が起こると、中華《ちゅうか》民国の初代臨時大総統となる。まもなく、その地位を軍の実力者・袁世凱《えんせいがい》に譲《ゆず》ったが、その後《ご》も国民党などの指導者として活動し、民族主義・民権主義・民生主義からなる「三民主義」を唱えながら、死の直前まで革命運動を続けた。

質問者　※質問順

佐藤直史《さとうなおふみ》（幸福の科学出版社長）

矢内筆勝《やないひっしょう》（幸福実現党出版局長）

山下格史《やましたのりちか》（「ザ・リバティ」編集部チーフ）

［役職は収録時点のもの］

1　孫文とは、どのような人物か

台湾《たいわん》と中国から「国父《こくふ》」として尊敬されている孫文

大川隆法　今日は「孫文の霊言」を収録したいと思います。

日本人には、孫文について、よく知らない人も多いだろうと思うので、私のほうから簡単に説明しておこうと思っています。

孫文といっても、もう、知らない人が多くて、「『まごふみ』って何？」と言う人がいるそうです（会場笑）。昨日《きのう》、私が読んでいたものに、そう書いてあったので、「そういうこともあるかな」と思いました。

ソフトバンクの孫正義《そんまさよし》氏は、韓国姓《かんこくせい》にこだわって、「孫《そん》」という姓を日本の役所に認めさせたわけですが、「孫」は中国語でもあるわけです。

孫文は、日本語名も幾《いく》つか持っていた方です。

彼は一八六六年生まれで、一九二五年に没《ぼっ》しているので、六十歳《さい》弱、満五十八歳で死んでいます。

日清《にっしん》戦争は一八九四年から九五年までですが、その日清戦争のころから、一九二五年に没するまでの約三十年間が、この人の革命家としての生涯《しょうがい》と言ってもよいと思います。

孫文は、今の北京《ペキン》政府の中華《ちゅうか》人民共和国と、台湾《たいわん》と、この両方から尊敬されている、珍《めずら》しい政治家ではあります。

昔の中国では、国慶節《こっけいせつ》（建国記念日に当たる日）のときなどには、マルクスから始まって、レーニンやスターリン、毛沢東《もうたくとう》、孫文などの大きな顔写真が広場に並んでいましたが、一九九〇年代の後半あたりからは、孫文と毛沢東の写真しか出なくなって、ほかの人たちは〝消された〟ようです。

このように、中国の本土でも、いまだに、この孫文を立てているのですが、裏を読めば、「孫文を立てていれば、台湾を吸収できる」と考えているのかもしれません。孫文は、国民党をつくった人物であり、台湾で「国父《こくふ》」として尊敬されています。そういう意味では、「孫文を立てておけば、中国は台湾と一つの国になれる」という深謀遠慮《しんぼうえんりょ》もあるように思われます。

ただ、北京政府は、当然のごとく、思想統制をずいぶん行《おこな》っているので、孫文についても、国民には、やや歪曲《わいきょく》した情報しか流していないようです。

孫文の名前は、一時期、「文化大革命」のころには、消えていたこともあるのですが、その後《ご》、復活しています。

孫文は中国型の社会主義者ではないのですが、北京政府には、その部分を隠《かく》しているところがあるようです。はっきり言えば、孫文はマルクス型の社会主義に反対した人です。しかし、その部分は隠して、現在の中国ができるもとになった部分のところを強調しているのです。

中国を異民族の支配から解放した「辛亥革命《しんがいかくめい》」

大川隆法　昨年（二〇一一年）は、一九一一年の「辛亥革命《しんがいかくめい》」から満百周年ということで、関連した映画が幾つか公開されました。

例えば、日本公開時の題名が「1911《いちきゅういちいち》」という映画の原題は、そのものずばり、「辛亥革命」ですし、その前には、映画「孫文の義士団」もありました。

また、辛亥革命が起きた一九一一年の翌年、一九一二年の時代設定である、「新少林寺」という映画も公開されました。これは「少林寺映画だ」と見られているかもしれませんが、軍閥《ぐんばつ》が割拠《かっきょ》して横暴を振《ふ》るっている様子が数多く描《えが》かれていて、少林寺が焼き討《う》ちをかけられたシーンも出てきます。

映画「1911」の主演は人気俳優のジャッキー・チェンでした。彼の百作目の出演映画だそうですが、彼が演じたのは孫文ではなく、孫文の意を汲《く》み、広州《こうしゅう》で武装蜂起《ほうき》をした、黄興《こうこう》という人です。

黄興は、やたらと強い人でしたが、武装蜂起が事前に漏《も》れていたため、清《しん》軍の反撃《はんげき》を受けるのです。そのなかで激しく戦った英雄《えいゆう》として描かれていました。

ジャッキー・チェンは「新少林寺」にも出演していますが、こちらは主演ではなく、少林寺の賄《まかな》い方で、〝ボケたおじさん〟のような役をしていました。

この「辛亥革命満百周年」は大きな節目だと言えます。

辛亥革命について、今の日本人は、少しボーッとして、よく分かっていないでしょう。「なぜ、これがそんなに問題なのですか」「なぜ、孫文は台湾政府でも北京政府でも尊敬されているのですか」と考える人もいると思います。

そこで、この辛亥革命に関して、説明しておきましょう。

中国の歴史のなかで、中華民国の前の清朝《しん》については、知っている人が多いと思います。

清朝は、約三百年、続いていました。この清朝を、今の日本人は、「中国人の王朝だ」と考えていると思うのですが、清朝の三百年は、実は、中国が外国に支配されていた三百年なのです。

それについては、孫文の著作である『三民主義』のなかに、はっきりと書かれています。清朝の時代は、中国が満州族に支配されていた時代なのです。

満州族は少数民族なので、中国全体から見ると非常に少ない人数なのですが、「清朝の三百年間、中国は外国に支配されていた」と孫文は理解しています。

そのため、十九世紀の後半から、「清朝を倒《たお》そう」という運動は起き始めていました。清の前の明《みん》の時代は、漢民族が支配していた時代なので、明の時代に戻《もど》そうとする革命運動が十九世紀の後半から起きていたのです。

三百年続いた外国人支配を討ち破り、中国の民族を団結させて国を建てたのが辛亥革命です。そういう意味で、孫文たちは、辛亥革命によって明治維新《いしん》のようなものを行ったつもりでいるのです。

「中国を漢民族の手に取り戻した」という意味で、孫文は「偉《えら》い」と見なされ、北京政府も台湾政府も、孫文を「国父」として尊敬しているわけです。

清朝から中華民国への交代を、「単なる中国のなかでの政権交代だ」と思うと、その意味の重さが分かりません。満州族は異民族だったのです。

その後《ご》、日本は、中国の東北部を満州国として独立させ、清朝の最後の皇帝《こうてい》、ラストエンペラーの宣統帝溥儀《せんとうていふぎ》を満州国の皇帝に立てたため、「日本は中国で勝手に悪いことをした」と思われがちなのですが、満州族は、中国人すなわち漢民族とは別の民族として認識されているのです。

また、孫文の思想としては、民族主義・民権主義・民生主義の「三民主義」が有名です。

アヘン戦争以降、中国はヨーロッパの国々の植民地にされていたので、孫文の言う民族主義について、日本人は、通常、「西欧《せいおう》の列強を中国から追い出す」という意味のものだと思うかもしれません。

しかし、この民族主義の最大のターゲットは、実は清朝でした。つまり、清朝滅亡《めつぼう》以前には、「満州族を追い出し、漢民族で自分たちの国をつくる」ということが民族主義の核《かく》の部分だったのですが、これを日本人のほとんどは十分に理解していないと思います。

孫文は、「中国は、三百年間、外国人政府に支配されていた」と理解していたのです。

清の前は明ですが、その前は元《げん》の時代です。これは、蒙古《もうこ》、今のモンゴルに支配された時代です。この元についても、やはり、「外国に支配された時代だ」と彼は認識していました。

孫文は、「中国人は、大版図《だいはんと》を築いたときでも、カスピ海のあたりぐらいまでしか勢力を広げることができなかった」と述べていますが、これは唐《とう》の時代あたりのことでしょうか。一方、「異民族である蒙古は強くて、ヨーロッパにまで支配圏《けん》を及《およ》ぼした」と彼は書いています。明らかに、中国民族によるヨーロッパ進出とは思っていないのです。

彼は、「異民族の蒙古に中国を乗っ取られ、その蒙古はヨーロッパまで占領《せんりょう》に行った」と見ており、「蒙古は非常に強かった」と認識しているのです。

民族主義に関しては、こういう認識の違いがあることを、理解していただきたいと思います。

中国での「革命」は宗教の運動とよく結びつく

大川隆法　十九世紀後半から、満州民族による清を滅《ほろ》ぼし、漢民族の国を興《おこ》す、「滅満興漢《めつまんこうかん》」型の思想がかなり出てくるのですが、一八五〇年ごろに「太平天国《たいへいてんごく》の乱」というものが起きます。

世界史の教科書には名前が出てきていると思いますが、洪秀全《こうしゅうぜん》という人が、「上帝である天父ヤハウェの長男がイエス・キリストであり、次男が私、洪秀全である。私はイエスの弟である」と称《しょう》し、キリスト教的な面も入れつつ、洋風の革命運動を起こしたのです。孫文が生まれる前のことです。

孫文は、この洪秀全をわりに尊敬していて、彼にあやかりたいと考えていたようです。孫文がそういう人であることを、知っておいていただきたいと思います。

中国では、革命は、宗教、特に新宗教の運動とよく結びつくので、中国政府には宗教を非常に怖《こわ》がる傾向《けいこう》があります。

「イエスの弟なる者が、天父の命《めい》により、革命を起こして清を滅ぼそうとした」という前例があるので、「今、北京政府のほうは、幸福の科学を非常に怖がっている」とのことです。「法輪功《ほうりんこう》」（注。気功の学習団体を称したが、中国政府によって宗教と見なされ、大弾圧を受けた）に次いで、幸福の科学が現れ、「その幸福の科学が、いよいよ攻《せ》めてくるのではないか」と思い、怖がっているらしいのです。

北京には幸福の科学出版の事務所もあったのですが、最近、中国当局による調査があったため、身の危険を感じて、今は撤収《てっしゅう》したようです。

調査に来た人たちは、「とにかく、もう、われわれは夜眠《ねむ》れないのだ。おまえたちについては北京政府の中央部にまで報告が行っていて、中央部までもが震《ふる》え上がり、怖がっているのだ。おまえたちが日本や世界でやっていることについては調べ尽《つ》くしてあり、全部、知っているのだ」と言ったそうです。

向こうは、幸福の科学について、「ここは革命運動か何かをやろうとしているようだ」と思っているらしいのです。

まあ、そのように見えないこともないでしょう。当会は正直で、かなり本音を言っていますし、台湾や香港でも活動しているので、当会の考え方は中国政府にも伝わっているでしょう。

そういう意味で、「宗教家が革命に火を点《つ》ける」ということはありうるため、中国政府は当会を怖がっているのです。

私の著書『常勝《じょうしょう》の法』（幸福の科学出版刊）の中国語訳も中国でベストセラーになっており、中国人の間《あいだ》にも私の名前が知られてきています。したがって、中国政府には、「孫文風に海外から指導されては、たまらない」という思いがあるのかもしれません。

孫文は「神の下《もと》の平等」を認め、マルクスの思想を批判した

大川隆法　孫文は、一八六六年に生まれて、日清戦争のころから、革命家として活動し始めますが、若いころには、ハワイの学校で英語での教育を受けています。また、香港の学校にいたときにはキリスト教の洗礼を受けています。実は、彼はクリスチャンであり、厳格なプロテスタントの洗礼を受け、その勉強もしています。

そのあと彼が教会に通った形跡《けいせき》はあまりないようですが、亡《な》くなるときには、「神を信じよ」ということを言い遺《のこ》しているので、一生、信仰心《しんこうしん》を持ち続けていたようです。このへんは、マルクスなどとは、はっきり違うところです。

また、孫文の言う平等は「神の下《もと》の平等」であり、マルクスの言うような平等ではありませんでした。

「特権階級、裕福《ゆうふく》な階級は他の人々から財産を搾取《さくしゅ》している。金持ちは優遇《ゆうぐう》されているので、彼らから累進《るいしん》課税風に財産を取り上げ、それをばら撒《ま》いて、財産を平等にする」というような思想を、「この考え方は間違っている」と言って、孫文は明確に否定し、批判しています。

孫文は、「『神の下の平等』はあるけれども、それは、『財産を平等にする』というものではない。マルクスは完全に間違っている。裕福になる人たちは、それなりの努力や才覚によって、そうなっているのであり、それをマルクスは見落としている」というようなことを言っているのです。

そのため、剰余《じょうよ》価値（注。マルクス経済学の基本概念《がいねん》。労働者が労働力の価値（賃金）を超《こ》えて生み出す価値のこと。資本家は、これを搾取する、とされる。）についても、「マルクスには、正しく理解していないところがある」と述べています。

孫文の死後、中国本土のほうは、マルクス主義に基《もと》づいて社会主義化していきましたが、マルクスの思想のなかにある、「階級闘争《とうそう》」という考え方に対して、孫文は、「これは間違っている」と、はっきりとした批判をしているのです。

ところが、北京政府は、このへんについては隠蔽《いんぺい》しており、ほとんど言いません。「孫文は、クリスチャンで、神を信仰しており、『神の下《もと》の平等』を考えていた。あの世も神も存在を認めていて、『宗教はアヘンだ』というマルクスの言葉など、まったく信じてもいなかった。そして、階級闘争を否定していた」という事実を、北京政府は中国の国民に対して明らかにしていないのです。

北京政府は、孫文に関して、「革命運動をして中国人の国を建てた」というところを評価しています。そして、「その後《ご》、蔣介石《しょうかいせき》の国民党と毛沢東の共産党による国共《こっきょう》の内戦が起きたため、国が割れた」と考え、「孫文は両方の祖だ」というような言い方をしていますが、孫文の考え方には、マルクスとは明らかに違いがあるのです。

辛亥革命《しんがいかくめい》のモデルは明治維新《いしん》

大川隆法　それから、「孫文と日本との関係には非常に深いものがある」ということも言えると思います。

孫文は、亡命生活を送るようになって以降、日本に何度も滞在《たいざい》しています。中国で革命を起こそうとしている人たちは、命の危険があるので、よく日本に逃《に》げてきており、孫文だけでなく、ほかの人もたくさん来ています。彼は、日本でかくまわれ、日本を足場にして、中国の革命を指導していたわけです。彼には、梅《うめ》屋庄吉《やしょうきち》など、日本人のパトロンが数多くいました。

ちなみに、孫文には中国に中国人の妻がいましたが、彼は日本で日本人とも結《けっ》婚《こん》しています。そして、三人目の妻と結婚するときには、中国にいる最初の妻と離婚《りこん》しています。

この三人目の妻が宋慶齢《そうけいれい》です。「宋家の三姉妹《しまい》」と言われている、有名な三姉妹の二番目です。彼女の姉は孫文の秘書をしていたのですが、孫文は、秘書の妹と結婚したのです。

この二人の仲立ちをしたのは梅屋庄吉です。梅屋庄吉は、香港で写真屋を営み、日本でも事業をしていた人です。

宋慶齢は孫文より二十七歳も年下でした。彼女の実家である宋家には、かなり力があったので、この結婚は孫文にとって大きかったと思います。

この宋慶齢の妹の宋美齢《そうびれい》は、アメリカでかなり活躍《かつやく》した人ですが、蔣介石の奥《おく》さんです。したがって、孫文は、蔣介石とは縁戚《えんせき》に当たるわけです。蔣介石の奥さんになった人は、孫文の妻の妹なのです。

この宋美齢が、第二次世界大戦中、アメリカ各地で講演を行い、「中国を助けてください」と言って回ったため、アメリカで「日本憎《にく》し」の運動がかなり激しくなり、日本は、これにかなりやられました。

「英語ができる」というのは強みです。彼女は、アメリカの学校を出ていて、英語がよくできたので、アメリカの各都市を講演して回り、「日本は、悪いことをしている」と訴《うった》え続けました。そのため、日本に対するアメリカの攻撃がきつくなったところがあります。女性一人でも、けっこう〝やる〟ものです。

話を戻しますと、日清戦争で中国は日本に敗れたわけですが、そのときの中国は、本当の中国ではなく、満州族の中国であり、李鴻章《りこうしょう》を筆頭（最高為政者《いせいしゃ》）とする清国が敗れたのです。そのため、日清戦争で敗れても、そのあと、日本には中国人がたくさん来ていました。

孫文は、「ヨーロッパが三百年かかって成し遂《と》げたことを、日本は、明治維新《いしん》後、わずか三十年で成し遂げた。われわれは、それを三年ぐらいで成し遂げねばならない」というようなことを言っています。

孫文は中華民国の初代臨時大総統に就任《しゅうにん》するのですが、外国での亡命生活が長いため、権力基盤《きばん》が弱く、国内をまとめるためには、どうしても軍事力が必要でした。そのため、その地位を袁世凱《えんせいがい》に譲《ゆず》ることになりました。

袁世凱は、映画にも描かれていますが、嫌《いや》な男ではあったようです。この袁世凱の時代に、日本は「対華二十一カ条の要求」を行い、中国に対して、いろいろなことを要求しています。

そのころにも孫文は日本に何度か滞在していて、実は、新しい中国をつくるための運動を行っていましたが、中国政府を倒すための運動もしていたので、孫文にとって、日本や中国との関係は非常にややこしいものだったわけです。

当時の彼の考えは次のようなものでした。

「日本が中国を侵略《しんりゃく》しようと思えば、日本は、わずか十日《とおか》で中国を滅ぼすことができる。日本には、そのくらいの力がある。十日で中国は滅んでしまう。それと対抗《たいこう》するには、中国はアメリカと組み、日本を挟《はさ》み撃《う》ちにすればよい。そうすれば消耗《しょうもう》戦となり、結果的に、日米とも、ものすごく消耗する。日本は、場合によっては滅びるかもしれない。アメリカと組んで戦えば、中国は助かるだろう」

このように、孫文は、将来のことを、かなり予想していたのですが、次のようなことも明確に言っています。

「ただ、私には日本で非常に大勢の人に助けてもらった恩義があるので、私は、アメリカを味方に付けてまで日本を滅ぼしたいとは思っていない。『アメリカを引きずり込《こ》んで日本を滅ぼす』という作戦には賛成できない」

しかし、孫文が亡くなったあとは、その作戦が実行に移され、ある意味で、日本はアメリカに滅ぼされたのです。

ただ、日本は、国の成立以来、孫文が生きていた時代まで、外国に一度も侵略されたことのない国だったため、孫文は日本を尊敬していたようです。結局、辛亥革命《しんがいかくめい》のモデルは明治維新だったのです。明治維新では、「廃藩置県《はいはんちけん》」によって、各藩による群雄割拠の状態を解消して、日本を一つにまとめ上げました。孫文は、これを非常に評価しており、各地に軍閥などが割拠している中国を一つにまとめ上げるために、日本の明治維新をモデルにしたのです。

「日本は中国の先生である」というようなことを、彼は言っていたようです。

日本と戦ったのは「毛沢東《もうたくとう》の共産党政府」ではなく「蔣介石《しょうかいせき》の中華《ちゅうか》民国政府」

大川隆法　孫文は、ハワイや香港の学校で学びましたが、そのあと、中国で医学の学校も出ています。そこでは首席を取り、秀才の証明をしています。職業は医者なので、本筋の政治家ではないかもしれません。

彼は、広東省《カントン》の貧しい農家の生まれですが、広東省の貧農の家に生まれた人が、ハワイで英語を勉強し、キリスト教の洗礼を受け、医学を学んで医者になったのです。これが彼の経歴です。

彼のことは、たいへんカリスマ性のある人物のように感じられるのですが、身長は百五十数センチの小さな人です。中国人には大きな人がたくさんいるので、わりと小男《こおとこ》であり、勝海舟《かつかいしゅう》並みです。「小男に、それだけの力があった」ということについては、まことに不思議な感じがしますが、「人間は、外見ではなく、やはり、頭の中身が大事だ」ということがよく分かります。

孫文は、「中国語で文章を書くよりも、英語で書くほうが速かった」と言われているので、そうとう英語ができたのかもしれません。おそらく、英語と日本語、中国語が三つともできたのでしょう。

彼は、日本をモデルにしつつ、中国革命を進めようとしていた人なので、彼が長く生きていたら、すなわち、六十歳前に亡くならず、八十歳や九十歳まで生きていたら、日中戦争は、違ったものになっていたように感じられますし、第二次大戦にも影響《えいきょう》が出ていたかもしれません。彼が八十五歳ぐらいまで生きていたならば、第二次大戦は、あのようにならなかった可能性があるのです。

戦後は、「蔣介石《しょうかいせき》」対「毛沢東《もうたくとう》」の戦いになり、毛沢東のほうが内戦に勝利しましたが、日本は毛沢東の共産党政府と戦ったわけではありません。日本が戦った相手は、蔣介石の中華《ちゅうか》民国です。「毛沢東が建国した」と言われる、今の中華人民共和国とは、歴史的には、日本は戦争をしたことがないのです。

今の中国の共産党政府とは、日本は戦争をしていないので、勝ったことも負けたこともありません。日本と戦ったのは蔣介石の中華民国政府なのです。このへんについては知っておいたほうがよいでしょう。

私は香港《ホンコン》での説法《せっぽう》で〝種〟を撒《ま》いた

大川隆法　複雑怪奇《かいき》な歴史ではありますが、概要を幾つか述べました。孫文とは、だいたい、そういう人だったのです。

昨年、私は香港《ホンコン》巡錫《じゅんしゃく》を行いましたが、そのときの説法《せっぽう》（二〇一一年五月二十二日）のなかで、「孫文は如来《にょらい》の霊格の持ち主である」ということを語りました。そして、孫文のまねをして、香港の人々に〝種〟を撒《ま》いたのです。

孫文は、辛亥革命が起きる何年か前、わずか数時間だけ香港に立ち寄って、中国の各省の有力者たちと秘密会談を行い、一斉《いっせい》蜂起に関する会議をしました。ある意味では、それが始まりなのです。

映画「孫文の義士団」では、孫文が香港に滞在する一時間程度の間《あいだ》の、彼を暗殺しようとするアサシン（暗殺団）と、彼を守ろうとする義士団との攻防を描いています。

孫文は、それほどまでに影響力のあった人ですが、私は、その孫文になぞらえ、香港での説法において、「香港が中国の次のリーダーになりなさい」というようなことを言ったので、中国の当局から、もうすでにマークされていると思います。

以上、孫文等に関する概要を述べました。

（孫文の顔写真が表紙に載《の》っている本を手に取り、それを聴衆《ちょうしゅう》に示しながら）

孫文は、このような顔をしている人です。

2 中国政府は幸福の科学をどう見ているか

孫文の霊《れい》を招霊《しょうれい》する

大川隆法　では、よろしいですか。前置きがかなり長くなりましたが、これから孫文の霊《れい》をお呼びします。

（合掌《がっしょう》し、瞑目《めいもく》する）

中国の革命家にして、現在の中国民族による統一国家の初代臨時大総統になられました孫文の霊を、お呼びしたいと思います。

孫文の霊よ、どうか、幸福の科学総合本部に降りたまいて、われらに、そのお心を明かしたまえ。

これからの中国のあり方や、中国と台湾《たいわん》との関係、あるいは、アメリカや日本との関係など、世界とのかかわりにおける中国の方向性を、われらに、お教えください。

また、中国の次の指導者に関し、その基本的な考え方や、「どのように対処していけばよいのか」ということなどについて、お考えになっていることがありましたら、お教えください。

日本だけのために言っているわけではありませんので、中国の人のためにも、それから、世界の人のためにもなるような、これからのあるべき姿や考え方などについても、ご示唆《しさ》を頂ければ幸いです。

孫文の霊、流れ入《い》る。孫文の霊、流れ入る。孫文の霊、流れ入る。

孫文の霊、流れ入る。孫文の霊、流れ入る。孫文の霊、流れ入る。
孫文の霊、流れ入る。孫文の霊、流れ入る。孫文の霊、流れ入る。

（約十秒間の沈黙《ちんもく》）

孫文　あ、うん。ああ……。

佐藤　孫文先生でいらっしゃいますでしょうか。

孫文　ああ、そうだが。

佐藤　本日は、幸福の科学総合本部にお越《こ》しくださいまして、まことにありがとうございます。

孫文　うん。肩《かた》が凝《こ》るなあ、何だかな。うーん。何だか肩が凝る。

佐藤　私は、幸福の科学グループで、出版部門の責任者をさせていただいております、佐藤と申します。

本日は、辛亥革命《しんがいかくめい》を指導され、「中国革命の父」として、中華《ちゅうか》人民共和国ならびに中華民国の双方《そうほう》の国民が尊敬してやまない孫文先生に、今後、中国が民主化していくためのプロセス、アメリカや日本をはじめとするアジア周辺国が果たすべき役割、幸福の科学が中国と思想戦を展開していく上で、大事なポイントなどを、ご教示《きょうじ》いただければ幸いでございます。

どうぞ、よろしくお願い申し上げます。

孫文　いきなり、大きな問題から来たようじゃないか。

佐藤　はい。最初に、ちょっと……。

孫文　いきなり大きな問題から来たなあ。

幸福の科学出版の北京《ペキン》事務所が、当局の立ち入り検査を受けた

佐藤　今回、孫文先生をここにお呼びする、直接のきっかけになった出来事がございます。それについて、ご質問をさせていただきたいと思います。

孫文　うん。どうぞ。まあ、さっき大川総裁が言っているのをチラッと聞いたけ

どな。

佐藤　幸福の科学は、これまでに、大川隆法総裁の書籍《しょせき》を、十九書、中国語で発刊させていただいております。特に、昨年五月には、『常勝《じょうしょう》の法』という、人生に勝利する「成功の法則」が説かれた書籍を出しましたところ、中国で、二〇一一年度のベストセラー書籍にも選ばれております。

孫文　うーん。

佐藤　また、昨年は、中国の各地の大学で、書籍セミナー等を開催《かいさい》させていただきましたが、数多くの一般《いっぱん》の学生たちが集まり、「われわれが想像した以上に、一般の中国国民は、『発展の教え』や『心の教え』を、強く強く求めている」と感じさせていただきました。

孫文　うんうん。

佐藤　そのようななかで、次の国家主席への就任《しゅうにん》が予定されている習近平《しゅうきんぺい》氏が、今年の年初に、「大学等での思想統制を強化する」という声明文を発表しておりまして、私たちも、今、その思想統制の対象にされようとしております。例えば、幸福の科学出版の中国での活動拠点《きょてん》の一つである、北京《ペキン》の出張所が、最近、当局の立ち入り検査を受けました。

そこで、孫文先生にお訊《き》きしたいのですが、書籍の発刊も含《ふく》めまして、今、われわれが展開している中国での活動を、はたして、中国政府や共産党は、どのように受け止めているのでしょうか。

現地のスタッフに訊きましたところ、実際に査察に入った管理官からは、「心臓のなかに爆弾《ばくだん》を抱《かか》えているようだ」と、かなり過激なことを言われております。

孫文　心臓のなかに爆弾？

佐藤　ええ。そして、「大川隆法総裁は、今や、北京レベルを超《こ》えて、もう中国政府の問題になりつつある」とも言われました。

孫文　うーん。

佐藤　このまま行けば、例えば、「法輪功《ほうりんこう》」に対して行われたような宗教弾圧を加えられるのでしょうか。「今後、どのようになっていくのか」ということや、

「幸福の科学は、どのような思想戦を、この中国で展開していったらよいのか」ということについて、お話しいただけたら、幸いでございます。

孫文　わしは、どちらの立場で言ったらいいのかなあ。私は日本の立場かい？　それとも、北京政府の立場で言えばいいのか、台湾政府の立場で言えばいいのか、どれで言えばいい？

佐藤　いちおう、中立のお立場で……。

孫文　どれでも言えますが。

佐藤　まず、中立のお立場でのお話を、お聴《き》きしたいと思います。

孫文　中立ねえ。まあ、中立とは、どのへんだろうね。尖閣《せんかく》諸島あたりにいる感じで言うといいのかな（会場笑）。言い方は、いろいろあろうから、難しいけど。まあ、『常勝の法』で怒《おこ》っているとは思わないよ。『常勝の法』で怒っとるんじゃなくて、『世界皇帝《こうてい》をめざす男』（幸福実現党刊）（注。習近平氏の守護霊《しゅごれい》を呼び出し、彼の本心について訊いた書籍）とか、何か、そんなものを、あなたがたは出したんじゃないのか。え？

佐藤　はい。

孫文　習近平の正体だとか何かについての本。

佐藤　出させていただきました。

孫文　ええ？　あれで怒《いか》っとるんじゃないの？　向こうは、もう調べているからな。なかでは訳しているから。

いやあ、あまり早く正体を暴《あば》くのは、よくないことなんだよ。向こうとしては、それを知られたくないからさあ。これからやろうとしていることが、先に分かっちゃうじゃないか。

すでに「習近平《しゅうきんぺい》の時代」は始まっている

孫文　まだ主席になっていないけど、すでに「習近平《しゅうきんぺい》の時代」は始まっているんだよ。まあ、少なくとも十年は習近平時代だよ。だから、もう、今年から、思想弾圧は、かなり強化されているわな。

そのため、国外脱出《だっしゅつ》も増えているね。ノーベル賞を受けた人の友人系統なんか、みんな、「やられる」と見て、脱出し始めている。

この動きと、経済的な繁栄《はんえい》、「西側と貿易等をやりながら、広げていく」ということとの関係が非常に難しいんだな。

今、経済発展のところでは、北京オリンピックや上海万博《シャンハイばんぱく》が終わり、投資熱が通り過ぎて、不動産暴落が始まっており、国民に不満感がかなりたまってきているので、あの国は必ずガス抜《ぬ》きをやるんですよね。ガス抜きをやります。そのためには、見せしめが必要なんですよ。

だから、「見せしめとして、手頃《てごろ》な相手はどこか」ということを、今、一生懸命《いっしょうけんめい》、見ているところだな。法輪功は昔の話であり、今のバブル崩壊《ほうかい》で、貧乏人《びんぼうにん》になったとか、金持ちが資産を失ったとか、失業者が増えたとか、そういうことに対して、昔の人は責任を取れないから、今、活動しているものに、何か責任を取らせたいところがある。

あなたがたには、そういうターゲットになりやすい面もあるね。

あと、中国は台湾問題も抱えておる。

中国政府としては、香港《ホンコン》をイギリスから返還《へんかん》されるに当たって、「五十年間、香港の経済体制を変えない」ということを、いちおう約束しているんだが、香港の繁栄が続いているように見せて、その間《あいだ》に台湾を平和裡《へいわり》に吸収するのが、中国の基本的な作戦なんだね。

本当のことを言えば、思想統制をかけていくと、そういう自由主義社会とは違《ちが》ってくることが分かってしまうので、実際上は、平和裡の台湾統一が難しくはなるんです。

しかし、この思想統一をかけないと、中国でも、あちこちで、デモだとか、そういうものが非常に増えて、困ってしまうのでね。今、特に中東で、かなり激しくやっているから、あれが中国国内で本格化するのを、とても恐《おそ》れているよね。

その意味では、それを煽《あお》るような動きに対して、やっぱり、口封《くちふう》じをかけていこうと思っていると思うんですね。それは賭《か》けだから、難しいんだけどな。大弾圧をやると、天安門《てんあんもん》事件の二の舞《まい》になって、世界から非難を受ける。そうすると、また後《おく》れを取るからね。それは、うまくやらなくてはいかん。

そして、北朝鮮《きたちょうせん》では一種の政変が起きたからね。「金正日《キムジョンイル》が亡《な》くなって、正恩《ジョンウン》になった」というのは政変なので、「ハイエナのようなものが周りをウロウロし始めている」という感じが見えているんだよな。

「この北朝鮮を、どうするか」ということを、今、秘密裡に、いろいろな国が考えているところだろうね。これをめぐっても、臨戦態勢に入ってきている。

だから、「国民があちこちで蜂起《ほうき》して、国がバラバラになる」ということにならないようにしなくてはいけないので、今、思想統制を強めているところだけどね。

もう一つは、やっぱりアメリカだよね。アメリカを、どうするか。

シリアやイランについては、中国やロシアは腰《こし》が引けているから、国連では動けないので、アメリカが、オバマさんではあっても、いよいよ、あちらのほうにも乗り出してきそうだけどね。

今日の論点とは違うかもしれませんが、あちらのほうと、北朝鮮や中国の問題、この二つの火種を、オバマさんは抱《かか》えているね。

アメリカ政府は、今、アメリカ国民を中国から引き揚《あ》げ始めているんだよね。

これが意味することは一つだ。

アメリカ企業《きぎょう》が中国に進出しているけれども、その運営を、できるだけ、中国人でアメリカに留学し、現在は中国に帰っている人たちに任せるように、今、指導が始まっているんですよ。「中国人にアメリカ系の会社の経営を任せ、アメリカ人は、できるだけ、中国から国外に出るように」と勧《すす》めているので、アメリカが考えていることは推定がつくだろう？

北朝鮮が端緒《たんしょ》となるか、台湾が端緒となるか、両方とも予想はしているとは思うね。あるいは、中国国内で武装蜂起やデモのようなものが発生し、今のシリアのようなことが中国国内で起きるときに、その鎮圧《ちんあつ》のために中国政府が武力介入《かいにゅう》をするかもしれない。この三つぐらいの可能性を、たぶん、アメリカは考えているると思うんだよな。

これへの対策が始まりつつある。

それから、それと呼応する勢力として、フィリピンとか、ベトナムとか、そういうところが、西沙《せいさ》諸島や南沙《なんさ》諸島等の権益をめぐって、中国海軍の展開に対して迎《むか》え撃《う》つ姿勢を、今、明確に示しているから、大中華帝国としては、これを威《い》嚇《かく》しなければならないんだな。

このように、今年は、紛争《ふんそう》が起こる可能性のある地域が広がっていて、台湾、北朝鮮、中国国内のみならず、西沙諸島や南沙諸島あたり、フィリピンやベトナムの海域までを含めて、武力衝突《しょうとつ》等が起きる可能性がある。あるいは、そんな所で、海底資源の権益をめぐって、米中の代理戦争が戦わされる可能性がある。

こう考えると、少なくとも五カ所以上で、あるいは、もっとあるかもしれませんが、紛争の発生する可能性が今年は極《きわ》めて大きいので、関係する国々は、その備えに入っていると思う。

中国政府には、幸福の科学の動きが不気味《ぶきみ》に感じられる

孫文　さらにまた、「日本では、『〝法輪功パート2《ツー》〟かもしれない』という疑いをかけられている幸福の科学が、怪《あや》しげな動きを始めている」というのは恐怖《きょうふ》でしょうね。

宗教団体は怖《こわ》いし、幸福の科学は、けっこうワールドワイドに活動し始めている。国際本部が奮起し、世界中に広げようとしており、中国が資源を取りに行っている国に、みんな支部を立てようとして動いているので、このへんについて、中国政府は、全部、マークしているよ。

「中国が、狙《ねら》いを定《さだ》めて進出している所に、全部、幸福の科学も進出して、信者を増やそうとしているらしい」ということまで、つかんでいるようだな。

この日本についても、民主党政権になって、日中の友好関係がさらに前進し、「日米と日中との間《あいだ》が等距離《とうきょり》になるかどうか」という感じだったのから、逆に、「中国の敵になるかどうか」というところまで来ている。

また、「幸福実現党なるものが、国会に議席もないのに、民主党の党首を二人も撃ち落とした。かなり努力して、それをやったらしい」ということは分かっている。

三代目の今の首相に関しても、かなり影響力《えいきょう》を行使しており、何か分からないけど、「とにかく怖がらせているらしい」ということを、もう、情報としては、つかんでいるね。

「幸福実現党には、議席を持たない幽霊《ゆうれい》政党ながら、ほかの政党に取り憑《つ》いて、それを食い潰《つぶ》す力があるらしい」ということで、「本当は、政党ではなく、宗教のほうに力があるんじゃないか」と疑われているんだよな。

だから、あなたがたの活動は、いちおう、全部、もうお見通しだな。

佐藤　そうですか。

孫文　ああ。全部、お見通しではあるんだ。

ただ、あなたがたの活動が、正しいか、正しくないか、それは分からんようだな。

大川隆法総裁は、「先生」と言うべき存在なのか。革命家なのか。〝洪秀全《こうしゅうぜん》〟なのか。あるいは、法輪功のリーダーのようなものなのか。どうなのか。

いや、北京政府の翻訳局《ほんやくきょく》ではだな、大川隆法総裁の全書籍について、一生懸命、思想の痕跡《こんせき》を調べているところだけど、やたら「革命」という言葉がたくさん出てくることだけは、やっぱり、もうマークしている。

佐藤　はい（笑）。

孫文　中国政府にとっては、革命は怖いからなあ。宗教が「革命」と言うときには、本気でやりますからね。そういうことで怖がっているんだと思います。

しかも、大川総裁は孫文の名を出してきた。この孫文を出してきたあたりが、何か、憎《にく》い兵法だよな。

中国政府は、今、「孫文を立ててきたあたりが怪しい。これは、たぶん、〝逆ウイルス作戦〟ではないか」と読んでいる。「孫文を立てて、台湾や香港という、中国が吸収しようとしている地域に幸福の科学の思想を広げることによって、逆に〝ウイルス〟が中国のなかに入り、内乱が勃発《ぼっぱつ》して、革命運動が活発化することを考えているのだろう」と、そこまで読んではいる。

佐藤　はい。

孫文　去年、大川総裁は、アジアツアーを、かなり、なされたようであるが、これとヒラリー・クリントンの動きとが重なって見えたので、中国政府にとっては、「幸福の科学は、アメリカの共和党のみならず、民主党まで動かせるのか」ということが一つの恐怖ではあって、「どうも日米の連携《れんけい》をやってるのではないか」

という疑いを強く抱《いだ》いている。

佐藤　うーん。

孫文　最近では、『北朝鮮―終わりの始まり―』（幸福実現党刊）とかいう本を出したとのことだが、これも、今、評判になっていて、「この、宗教か政党か分からない団体は怖いぞ。北朝鮮を潰すつもりでいるらしい」というようなことで、「次に狙うのは本丸の北京だな」と、みんなが思っているようだな。

佐藤　なるほど。

孫文　だから、中国政府は、君たちの正体や動きを、全部、だいたい、つかんではいるが……。

佐藤　そうですか。

孫文　本心を知りたいんだな。だから、「孫文の霊言《れいげん》」じゃなくて、「大川隆法の霊言」というものを出してもらわないといけないぐらいだろうな。「大川隆法の本心霊言」を出してもらって、「今後、どうするつもりなのか」ということを、向こうのほうが聴きたいぐらいだからね。

海外ツアーでは気をつけたまえ。突如《とつじょ》、拉致《らち》されないようにしなくてはいけない。警護が手薄《てうす》だからね。拉致されないように気をつけなくてはいかんと思う。だから、向こうは怖がっているよ。

佐藤　なるほど。

実際に、現地の事務所に来た管理官は、当会に対し、「つかみどころのない団体」という印象を持っていて、「あなたがたは、いったい、宗教団体なのか、それとも出版社なのか」と訊いてきたようですが、やはり、中国当局は、思想戦、すなわち、「思想で戦ってくる」ということに対して、非常に恐怖心を持っているのでしょうか。

孫文　それは、「共産党の戦い方」だからさ。

マルクス主義を世界に広げたのは、書籍の出版からだ。本を売り、書店展開をして、ベストセラーにする。インテリたちにマルクスの本を読ませ、レーニン等の本も読ませる。主に書店の二階が集まり場となっていて、そこで読書会や輪読会などの学習会をやって、〝細胞《さいぼう》〟を増やしていき、その思想を増やして、インテリ層から思想を広げていく。それが、次には政治運動に変わっていくという戦い方だよな。

佐藤　はい。

孫文　だから、「幸福の科学が、共産党と同じ兵法で、逆に、〝本家〟のほうを攻《せ》めにきているのではないか」と、当局は見ている。

「日・米・印」同盟で中国の海洋戦略を牽制《けんせい》されると怖《こわ》い

佐藤　そうしますと、われわれは大川隆法総裁の書籍を「経典《きょうてん》」と呼んでいますけれども、「経典によって思想を普及《ふきゅう》する伝道方法は、中国本土では有効である」と……。

孫文　有効というよりも、何だろうねえ、「有効すぎる」んだよ。

佐藤　あ、さようですか（笑）（会場笑）。

孫文　ああ。効き目がありすぎるんだよ。あなたがたは、中国の次なる仮想敵国の一つであるインドにまで行って、大々的に「仏陀再誕《ぶっださいたん》」を宣伝しまくっているんだろう？

佐藤　はい、はい。

孫文　これは、「次は、インドに中国を牽制《けんせい》させる」という作戦だろう。

日本の政治家は、たまに表敬訪問程度のことはするけれども、インドとの外交の本当の意味を、まだ理解していないため、仕事が十分にできてない。むしろ、ここの宗教のほうがよく理解しているようだ。

もし、「仏陀再誕」ということが受け入れられると、インドと日本の間には、「日印同盟」が成立する可能性もあるわけですよ。

佐藤　はい。

孫文　「日印安保同盟」が成立し、米・日・印が三角形で結ばれると、中国はこの三角形のなかに入ってしまうからね。

佐藤　ああ、なるほど。

孫文　これは強力です。中国の次のライバルは、間違いなくインドですからね。人口で中国に十分勝てるのはインドだよ。

　私の辛亥革命のころは、中国にはわずか四億人しかいなかった。だが、今や、十三億人から十四億人になろうとしている。今、インドは十二億人まで来ていて、「もうすぐ中国も追い抜かれる」と言われている。それに、核《かく》兵器も持っていますからね。

　だから、インドと日本に同盟を結ばれたら、アメリカと日本とインドが連携を結ぶかたちになるので、これはけっこう怖《こわ》いよね。日本の核戦略が後れを取ったとしても、米国とインドが両方とも同盟国であれば、中国を両側から挟《はさ》み撃ちできるからね。

　今、中国の海洋戦略に対しては、アメリカが第七艦隊《かんたい》で抑止《よくし》しようとはしているけども、インド海軍の艦隊も警備に入ると、台湾海峡《かいきょう》での紛争等には、インド、アメリカに、さらに日本がジョインする（加わる）かたちになる。そうすると、中国にとっては、紛争の解決が非常に難しくなってくるね。

このへんが、今、習近平の頭が痛いところだなあ。

今、中国から日本に大量の諜報員《ちょうほういん》が入ってきている

佐藤　なるほど。

恐れ入りますが、もう一つお伺《うかが》いしたいのは、実際に思想戦を展開している幸福の科学に対して……、

孫文　「思想戦」って、君ねえ。〝戦〟と付けたら、すでに喧嘩《けんか》を売っているような感じなんですよ。

佐藤　あ、さようですね。失礼いたしました。「非常に影響力がある」ということなのですが、中国は、幸福の科学の実態を探《さぐ》るべく、例えば、諜報《ちょうほう》活動をする人間を、実際に日本へ送り込《こ》んだりしているのでしょうか。

孫文　それは数多く入っていると思いますよ。当然でしょう。

佐藤　うーん。

孫文　当たり前ですよ。そんなの、やらないわけがないでしょう。
幸福の科学には、もう中国系から、アメリカ系、それから韓国《かんこく》、北朝鮮系あたりまで、諜報活動に入っているし、ロシアも少し入っています。だから、どこの国でも諜報活動はやっています。

諜報活動に対して、すごく疎《うと》いというか、能天気なのは、日本だけなんですよ。日本も、少しはしているんですが、わりに疎いので、ボーッとしているところがあるんです。

今、中国からの買い物客などには、そうとう諜報員が付いています。ガイドをしている人などは、諜報員の可能性もかなり高いと思いますが、彼らは日本の重要拠点をそうとう見ていっています。はい。

佐藤　ああ、そうですか。

孫文　昨年は震災《しんさい》（東日本大震災）もありましたけど、彼らは、被災地《ひさいち》も見に行っているし、それから、震災に対する日本の対応や自衛隊の戦力分析《ぶんせき》等もかなりしています。災害への対応の仕方は、戦争時と似た動きになるので、日本国民がどのように対応するかを見ています。「日本を攻撃《こうげき》して、あの程度の被害を出させたら、どのようになるか」をシミュレーションしていますね。だから、日本国政府の動き方や自衛隊の戦力、日本国民の考え方等を見ています。

大震災《だいしんさい》に淡々《たんたん》と対応した「日本の底知れぬ力」

孫文　それで、結論から言うと、「日本はやはり強いな」と感じているんだ。はっきり言って、あれだけの震災《しんさい》があっても、びくともしない感じを受けている。二万人の人が死ぬほどの戦争であれば、それなりのものですからね。

例えば、北朝鮮軍であろうと、中国軍であろうと、九州に上陸して戦闘《せんとう》をするとしたら、死者が多くても二万人程度の戦いになるだろう。そこで、震災をもとに、どのような戦闘になるかを見積もっているんだけども、「日本はけっこうしぶといな」と感じているね。

特に、「日本の国民は怖い」と見ていますよ。何と言うか、中国人から見ると、〝神経が切れている〟かのごとく淡々《たんたん》としている、あの感じですね。あれだけの被害を受けていながら、淡々とやっている。要するに、暴動も、略奪《りゃくだつ》も、放火も、焼き討《う》ちも起きない。普通は暴動ぐらい起きるものだけど、やっているのは幸福実現党のデモぐらいだ（会場笑）。

まあ、ほかにも原発反対のデモぐらいは少しやっているが、ああいうものは〝遊び〟と見て、本気にしていない。全然報道もされていないので、「本気ではない」と見ている。デモンストレーションだけなんでしょう。

また、政府を批判する記事が、新聞や雑誌などのマスコミに数多く出ているが、もし、中国のような国で、あれほどの震災や戦争等があった場合には、普通、完全に思想統制をかけて、政府の批判のようなものは一切《いっさい》載《の》せさせないようにします。

例えば、「震災からの復興」という大義名分があったら、それを行う責任者である政府の悪口を自由に書かせておくなどということは、中国では、やはり、ありえないことなのでね。それが、あれだけマスコミが書きまくっているのを見ると、「日本という国には底知れぬ力があるな」という感じがしますね。

政府があれほど弱っていて、財政赤字だとか何だとか、数多くの批判をされながらも、日本には、「誰《だれ》が総理をやっても、まだ浮《う》かんでいる」という〝不沈戦艦〟のようなところがあるので、「日本は怖い」と見ている。

つまり、「国民性として、日本人の力は中国人よりもだいぶ上だ」という印象を強く持っている。中国南部の沿海地域では、アメリカと同じぐらいの収入を得ている人もいるんだけど、国民一人当たりの所得では、日本人は中国人の十倍もある。やはり、それだけの胆力《たんりょく》と強靱《きょうじん》な精神力、あるいはポテンシャル（潜在的《せんざいてき》な力）があるのだろうと見ていますね。
日本人がそれだけの所得を得ていることの意味と、国民が持つ均質性の強さ、すなわち、「本当は、共産主義革命が目指すべきものを、日本はすでに達成している」ということへの怖さは感じていますね。

「大川隆法の思想」を水際《みずぎわ》作戦で止めたい中国

孫文　「今、日本に足りないのは思想だけだから、この国に思想を打ち立てる人が出てきて、それを〝伝染病〟のように流行《はや》らされたら、中国もやられる可能性が極めて高い」ということで、中国には、思想戦への警戒《けいかい》が、けっこう強い。

佐藤　はい。

孫文　もし、「仏陀の生まれ変わり」を名乗っているということであれば、「大川隆法」というのは怖い存在ですよ。

中国が自慢《じまん》すべきものは、孔子《こうし》の儒教《じゅきょう》、それから老荘《ろうそう》思想、つまり道教《どうきょう》だね。それ以外にも、「過去、仏教国として大国だった」ということが自慢だ。仏教は、いまだに数多くの寺院があり、民間レベルで信仰《しんこう》を集めているのでね。

もし、中国の仏教寺院に、「仏陀の再誕」ということで、全部、ザーッと入ってこられた場合、インドやネパール、スリランカと同じような現象が起きる可能性はある。仏教のなかに入られてしまったときには、それを根絶やしにするのは、それほど簡単なことではない。

さらに、この宗教は、「仏教だけではなく、道教まで呑《の》み込もうとしている。老荘にまで入ろうとしている」というわけだ。

仏教と道教の両方を制圧されると、これはそうとうの「草の根型」の運動になるため、鎮圧は極めて困難になる。

だから、中国のほうは、「この思想は、〝水際《みずぎわ》作戦〟によって、できるだけ国内に入れないようにして、封印しなければいけない。金儲《かねもう》けに役立つ教えぐらいで止めておかないといけない」と考えている。

宗教の部分が本格的に入ってくると、十分な危険性があるし、さらに、あなたがたの意図とは別に、あなたがたの思想を〝二次利用〟して革命を起こす輩《やから》が出てきます。それが、要警戒だね。

習近平《しゅうきんぺい》は「中国覇権《はけん》主義」を合理化した新思想を打ち出す

佐藤　もう一つ質問させていただきます。孫文先生は、中国での革命を成就《じょうじゅ》するために、アメリカやイギリス、日本などの亡命先で、兵站《へいたん》をしっかりと確保されていたとお聞きしております。

孫文　うーん。

佐藤　日本人との交友関係も非常に幅広《はばひろ》く、その一人に、梅屋庄吉《うめやしょうきち》という実業家の方がいらっしゃったはずでございます。梅屋氏は、孫文先生に、「君は兵を挙げたまえ。われは財を挙げて支援《しえん》する」とおっしゃったということでございますけれども、実は、この梅屋庄吉という方は、今年、われわれが手がける二つの映画「ファイナル・ジャッジメント」「神秘の法」の配給元である日活株式会社の創業者のお一人なんですね。

私はこれを聞いて、「単なる偶然《ぐうぜん》ではない」と思わせていただいています。

この二つの映画は、「目に見えるものしか信じない唯物論《ゆいぶつろん》国家に対して警鐘《けいしょう》を鳴らす」という内容ですけれども、実際に、中国の民主化にどのような影響を与《あた》えていくのでしょうか。この映画の持つ意味や使命は何なのでしょうか。

また、少々お訊きしにくいのですが、革命を起こす上での「兵站の重要性」についても、お教え願えたら幸いでございます。


孫文　私は、先ほどご紹介《しょうかい》にあずかったように、クリスチャンですので、神を信じていましたし、当然ながら、あの世も信じていた人間です。今の中国共産党は、公式上は唯物論の社会主義ですので、私の考えとは違います。

中国をキリスト教の国にするわけにはいかんでしょうけれども、少なくとも、そういう宗教的思想を受け入れる素地のある人が、中国の「建国の父」に相当するわけです。だから、「国父《こくふ》なる孫文の考えは違う」ということを明らかにされることは、中国政府にとっては厳しいところでしょうね。

現状の中国は、マルクス・レーニン主義をほとんど〝捨てている〟状態なんですが、国をまとめるためには何かが必要なので、その意味で、とりあえず外側は、いまだにそういう主義を掲《かか》げています。実際には、宗教的な革命運動等を弾圧するための材料として使っているにすぎないんですけどね。

本当にマルクス・レーニン主義を信じている人は、もう、ほとんど、いやしないんだけれども、今、国をまとめる思想・信条がないので、何か新しいものがつくられるまでの間《あいだ》は、まだそれでやろうとしている。

おそらく、次期国家主席の習近平《しゅうきんぺい》が、何か新思想を打ち出そうとするだろうね。そのとき、中国の覇権《はけん》主義を、別の言葉で言い表してくるだろうと思う。

昔、ゴルバチョフは、「新思考外交」などという言葉を使っていたけれども、そのように、これまでとは何か違った、聞こえのいい言葉を使って、中国の覇権主義を合理化する思想を打ち出してくると思いますね。つまり、「大中華帝国」を言い換《か》えた言葉を一つのプロパガンダ（宣伝）として、何か運動を展開してくると推定されます。

この運動の一番の敵は、「思想・信条の自由」や「信教の自由」、「言論・出版の自由」、「結社の自由」など、要するに、西洋型の思想だろうと思う。

「西洋型の民主主義」が入ってくると中国はバラバラになる

孫文　ただ、私の考えた「三民主義」（民族主義・民権主義・民生主義）は、必ずしも、いわゆる西洋型の民主主義と同じものではないけれども、それに近いものではあるよね。

三民主義のうちの「民族主義」とは、先ほど大川総裁が言われたように、中国民族による国づくりということで、主として、「清《しん》の支配階級である満州民族を追い出して、中国人（漢民族）の国を取り戻《もど》す」ということだ。もちろん、アヘン戦争以降はヨーロッパの国々に半植民地化されていたため、これらの国々を、日本のまねをして、何とか追い出したいと考えました。当時、アジアにおいてヨーロッパの国々を打ち払《はら》うことができたのは日本だけだったからね。つまり、「日本のまねをすることによって、何とか強い国になり、国として独立したい」というのが「民族主義」だ。

また、「民権主義」とは、一種の民主主義に近いのかもしれませんが、「自分たちの力で国を治める」ということだ。

さらに、「民生主義」とは、「自分たちの国づくりの成果は、自分たちで享受《きょうじゅ》しよう」というような運動だね。そういう意味で、「自分たちで豊かな国づくりをして、自分たちでその豊かさを享受しよう」という考え方なんだけど、とにかく、「民《たみ》を中心に据《す》えた運動」であるわけだね。

中華人民共和国も、建前《たてまえ》上は、「人民を中心に据えている」ということだけども、政治的に見れば、現実はまだ、共産党の「一党独裁」型だ。先ほど言った、

「思想・信条の自由」、「信教の自由」、「言論・出版の自由」、「結社の自由」、「良心の自由」などの基本的人権は、すべてないも同然で、「統制の自由」しかない。やはり、「政府が国民を統制する自由」しかないため、ずばり、西洋型の民主主義が入ってくることを、いちばん恐れているだろうと思いますね。

アメリカは、大統領がオバマであろうとなかろうと、いちおう、「中国を民主化させたい」と思っているはずなので、今、中国を経済的な面から自由主義圏《けん》に入れようと、かなり誘《いざな》いつつあるんだけど、中国から見ると、民主主義というものは「バラバラ」に見えるわけですよ。私も生前はそう思ったけどね。

中国人というのは、砂を集めて固めたようなもので、もうパラパラなんだよね。だから、これを国として固めるのは大変なので、今も、民主化については、同じように見えていると思うんです。

中国国内には、いろいろな民族がいて、いろいろな自治区があるが、もし、これに自由を与えると、もう全部が蜂起して、バラバラになっていくだろう。ソ連が「ロシア」と「その他の共和国」に分裂《ぶんれつ》していったように、中国でもいろいろな所で独立運動が起きてくるのは間違いない。そうすると、あっちでもこっちでも内戦が起きてくるので、「辛亥革命による中国統一」以前の状況《じょうきょう》に戻っていくかもしれないね。

このような事態を恐れているから、軍事強国化して、国内は押《お》さえるし、海外に対しても、「絶対に、国内を混乱させるような〝ウイルス〟は入れないぞ」という姿勢を示すわけだね。

さらに、十四億人になろうとしている人口を養わなければならないため、いろいろな所から資源を集めてくる必要がある。中国が海軍力を強めるような海洋戦略を採《と》っているのは、アフリカから資源を運び、南米から資源を運び、オーストラリアから資源を運ぶためには、海軍力がないと、いつ何時《なんどき》、脅《おど》されるか分からないからだ。

中国の側からは、そのように見えているわけだね。

幸福の科学の映画は中国で上映禁止になるだろう

孫文　だから、私は、どちらの立場で言ったらよいのかが、ちょっと分からないんだけど、あなたがたに資金を付けてやる立場というのは、どうなんだろうね。どこから「資金を引いてこい」と言うべきでしょうかねえ。

うーん、そうねえ。あなたがたは、日銀に紙幣《しへい》を増刷するように言っているんだろう？　増刷した紙幣が市中に出回るのを、日銀は嫌《いや》がっているんだろう。それならば、「増刷した分を、一時期、幸福の科学が預かっておく」というのは、どうだい？（笑）そういうのはいいんじゃないか。

「二十兆円ほど、しばらく預かっておきます」とね（笑）。「それをどうするんだ？」と訊かれたら、「いや、『未来の日本と世界』のための革命資金として、主として海外での活動に使います。日本の経済には、全然、影響が出ませんから、大丈夫《だいじょうぶ》です」という説明でもするかねえ。

日銀を〝洗脳〟にかかって、たくさん信者に取り込む。あるいは、信者を日銀総裁にしてしまう。政府筋も押さえにいかなければいけないし、最終的には、国家予算のところも握《にぎ》らないといかんだろうねえ。

ただ、私は、どちらの味方をしたらよいのか、ちょっと分からないんだがね。

佐藤　われわれの力がまだまだ足りず、これからもっと力をつけていかなければいけないと思います。ともあれ、映画はかなり効果があるのではないかと考えておりますが、そういうエンターテイメント等を通して、当会の考えが中国に入っていくというのはどうでしょうか。

孫文　ああ、映画ね。いや、あなたがたの映画は、たぶん、中国では上映されないよ。発禁処分ではないけども、上映禁止処分になるだろう。中国には入らないから、近くの国から電波でも発射して、パラボラアンテナで受け取ってもらうしかないかもね。

あと、ゲリラ戦としては、「海賊《かいぞく》版作戦」だね。「海賊版業者のふりをして、実は、海賊ではない本家本元が偽《にせ》版をたくさん出す」という作戦があるわな（会場笑）。

佐藤　これはいいことを聞きました（笑）。

孫文　「中国国内で、当会の映画の海賊版ＤＶＤが出回っている。経済的損失がすごく、大変な目に遭《あ》った。うちは被害者だ」などと言いつつ、中国人の手によって広めさせる。儲ける気がなく、「思想を広げるだけでよい」というならば、海賊版を使ってやる手はあるだろうね。

佐藤　ありがとうございます。ここで、質問者を交替させていただきます。

3　中国による「対日戦略」の実態とは

中国は「日本の核《かく》武装の可能性」を計算している

矢内　私は、幸福実現党の出版局長をしております、矢内と申します。

孫文　うん、何だかなあ。君らが、共産党の出版局か何かに見えてきてしかたがないなあ（会場笑）。

矢内　本日は、このような尊い機会を頂きまして、ありがとうございます。「革命家」としてのお立場の孫文先生に、ぜひ、お伺《うかが》いしたいのですけれども、今、中国では、「経済発展の〝影《かげ》〟として、深刻な腐敗《ふはい》が蔓延《まんえん》している」と言われています。

孫文　フハイ?

矢内　腐敗。

孫文　腐敗ときたか。ほお。

矢内　はい。さらに、貧富の格差が増大しております。

孫文　うん、まあ、それはそうだ。

矢内　また、中国の一般《いっぱん》の方には、選挙権もございませんし、少数民族への人権弾圧《だんあつ》にも、すさまじいものがあります。まさしく今こそ、当時の孫文先生がなされようとしていた「中国の民主化」が求められている時代であろうと思っております。

この、中国の民主化に向けまして、これから、幸福実現党としてできること、そして、なさねばならぬことを、なしていきたいと思います。それは、日本のためでもありますが、「中国共産党の独裁下で呻吟《しんぎん》し、喘《あえ》いでいる十三億の民《たみ》を救うためでもある」と思っております。

そこで、革命家としての孫文先生に、「今の中国を、天上界《てんじょうかい》から、どのようにご覧になっているのか」という点について、お訊《き》きしたいと思います。

孫文　それは、「秦《しん》の始皇帝《しこうてい》の霊言《れいげん》」でもやったほうがいいかもしれないねえ。アッハハハ。あなたがたにも何か縁《えん》があるんだろう？　秦の始皇帝の霊言でもやって、中国を脅《おど》しまくったら面白《おもしろ》いかもしれないけどね。

ただ、現実に、十三億人を食べさせるのは、大変なことなんだよ。本当に食うや食わずの人もいるしね。都市部は別として、日本円にして月一、二万円ぐらいの給料で食っているような人がたくさんいるからね。だから、中国人を「銀座に買い物に来ているような人ばかりだ」と思ってはいけないわけだ。

日本に買い物に来る金持ちの中国人もいるけど、それでも、「一千万円以上の買い物はできない」というあたりで、一定の限界があるようだ。そこまでの大富《だいふ》豪《ごう》は、それほどいないというか、日本に来ていないようではあるがね。

うーん、貧富の差ねえ。

あんたら、最近、鄧小平《とうしょうへい》もいじめたんだろう？（注。二〇一〇年五月二十五日、鄧小平の霊言を収録。『アダム・スミス霊言による「新・国富論」』〔幸福の科学出版刊〕第2章所収）そういうふうに聞いておるからさ。あれも困ったねえ。中国は、あの霊言についても、もう情報をつかんでいるので、困ってはいるんだけどね。

これは、やはり、「大川隆法の霊言」が必要だな。「大川隆法は、本心では、いったい何を考えているのか」ということを、向こうは知りたいだろうね。できたら捕《つか》まえて、天井《てんじょう》からぶら下げ、「百叩《たた》きの刑《けい》」か何かをして、本心を吐《は》かせたいぐらいだろうねえ。「いったい何を考えているのか。本心では、中国をどうする気でいるのか」と訊きたいだろう。

中国が本当に訊きたいのは、〝あれ〟なんですよ。「アメリカとインドを味方にしようとしているらしい」ということは分かっているけど、「日本を核《かく》武装して、中国に対抗《たいこう》する気なのかどうか」というところが、あまりはっきりしていないので、このへんの本心を知りたがっているようだね。

本当は中国も怖《こわ》いんだよ。もし、日本が本気になって防衛に入り、核武装をしたら、中国から日本は至近距離《きょり》だけど、日本から中国も至近距離だからね。日本が本気で核戦略に入り、アメリカも、「軍事予算が足りないから、アジアのことは、もうそっちで勝手にやってくれ」というようなことになった場合、中国は、日本を滅《ほろ》ぼせないことはないかもしれないけれども、自国もそうとうなところまでやられるのは、もう間違《まちが》いないのでね。

過去、日本は、アメリカには負けたかもしれないけど、そのほかの国には負けていないし、ヨーロッパまで支配した「元《げん》」でさえ、日本に敗れているのでね。中国人は、そのことを知っているから、日本という国の怖さをよく分かっている。あれだけ李鴻章《りこうしょう》が威張《いば》っていた清《しん》の北洋艦隊《かんたい》も、日本には簡単に撃破《げきは》されてしまっているし、ロシアのバルチック艦隊もやられているしね。

「アメリカに負けた」というのは理由が分からなくもないけども、今度は、その負けたアメリカと友達になっている。このへんが日本人の怖いところだ。

もし、これが中国人なら、絶対、いまだに「アメリカ憎《にく》し」と言い続けていますからね。中国人なら、「アメリカは嫌《きら》いだ」と言い続けているはずだ。

それなのに、日本は、コロッと手のひらを返したように、アメリカと友人になったりしているでしょう？　このへんの国民性がとても怖い。

だから、日本に圧力をかけてもいいんだけど、「最終的に、日本を核武装に踏《ふ》み込《こ》ませ、そして、そのための準備時間を十分に与《あた》えるのは危険だ」ということが、今、習近平《しゅうきんぺい》が心のなかで考えている、いちばん核の部分だ。

日本が核武装するための所要時間はどのくらいなのか。どの程度の圧力をかけたら、核武装に踏み切るのか。そして、どのくらいで完成してくるのか。ここの部分を、今、計算しているところですね。「民主党政権が続いているうちは、今のところ大丈夫《だいじょうぶ》」と思っているけれども、もし、そこが引っ繰《く》り返された場合、いったい何年で準備ができるかを、今、考えている。

「原発反対運動」に入り込《こ》んでいる中国工作員

孫文　福島の原発事故があってから、全部の原発を止《と》めようと、今、あちこちで原発反対運動をやっているけれども、あの活動家のなかには、中国人がたくさん入っています。反対運動のなかに中国の工作員が大勢入っていて、「日本の原発を全部止めてしまおう」と、今、活動しているんです。資金も提供して、反対運動をしています。

そのなかで、幸福実現党が、機嫌《きげん》よく、「原発は必要だ。推進しなければいけない」なんて平気で言っているわけです。

実際は、中国本体も原発は推進しているし、アメリカも原発推進の立場なんですが、日本だけ廃止《はいし》してくれると、〝牙《きば》〟を抜《ぬ》けるので、工作員を使って反対運動をしているわけです。

つまり、原発を取り除いておけば、まず、原子力兵器はつくれなくなります。外国から原材料を買わないかぎり、つくれなくなるので、「今回の地震《じしん》を利用して、日本の原発を一気に廃止させてしまいたい」というのが、中国の戦略です。

そのため、今、日本国内では、久しぶりに、中国工作員の動きがすごく活発になっています。沖縄《おきなわ》の米軍基地のところでも、そうとう活発に工作員が動いていますけども、もう一つは、原発反対デモや、反対者の運動等、いろいろなところに資金援助《えんじょ》をしながら、日本の原発廃止に向けた運動を展開しています。

これは、中国にとっての〝抑止力《よくし》〟なんですよね。つまり、「日本に抑止力をつくらせない」ための戦略なんです。

日本の新聞のほうも、原発反対の記事を一生懸命《いっしょうけんめい》載《の》せてくれているけれども、いろいろなところから手回しして、原発反対運動をしていますね。

これに対して、唯一《ゆいいつ》、真っ向から挑《いど》んできているのが幸福実現党というわけです。自民党だって、原発推進デモなんか、やりはしないでしょう。怖いからね。実際に、マスコミが恐怖《きょうふ》心を煽《あお》っていますからね。

やはり、幸福実現党が「日本の第一党」なんかになってしまうことは、中国にとっては大恐怖だと思う。

幸《さいわ》いにして、そうならないようにマスコミが〝頑張《がんば》って〟くださっているし、日本国民の大部分は、「宗教は悪だ」と思ってくれているので、今のところ大丈夫ですけどね。これは、日教組《にっきょうそ》が頑張っているからだね。こっちにも、中国の工作員が入ってやっておるので、中国は、日本を思想戦でそうとう操縦してきている。

結局、戦後、「共産主義」を「民主主義」とすり替《か》えて、日本に入れたのが敗因だ。マッカーサーの最大の失敗は、共産主義と民主主義を一緒《いっしょ》にしてしまったところだろうね。

だから、吉田茂《よしだしげる》の罪は重いだろうねえ。吉田茂が、マッカーサーの意見を聞き入れ、再軍備できるように憲法改正をして、きっちりと戦後の路線を引いておけば、日本は楽だっただろうけどね。

その後、安保闘争《あんぽとうそう》を二回やったときにも、中国の工作員がそうとう頑張っていて、活動家に資金提供をしながら学生運動を盛り上げ、革命を起こそうとしたんだけど、結局、失敗してしまった。天安門《てんあんもん》事件が起きたときには、今度は逆に、中国が非難されるようなことになりましたけどね。

創価学会は中国の〝橋頭堡《きょうとうほ》〟

孫文　やはり、中国にとって怖いのは、情報がオープンになることなんだよね。

真実を知られることがいちばん怖いし、中国の内情を知られることがいちばん怖い。「いわゆる〝中国版ＣＩＡ〟が、日本国内でいったい何をしているか」ということを明らかにされてしまうのが、いちばん怖いことなんですね。

中国は、あらゆる手を使って活動していますよ。でも、いつも敵として出てくるのは、幸福実現党か、幸福の科学なんですよ。

だから、「これを何とかして叩いておかなければいかん」というのが、向こう（中国）の考えだね。その戦力を、今、読んでいるところなんだ。

法輪功《ほうりんこう》は、「一千万も二千万も会員がいる」などと言っても、気功の団体だから、大した力があるわけではないんだけどね。「億いる」とか、大きな数を言ってはいるんだけど、まあ、気功だからね。気功なんか、本当は、全然、怖くもなんともないからね。いや、少林寺の団体だったら、ちょっと怖いかもしれないけど、法輪功が「共産党員七千万人よりも多い」などと言って会員数を誇《ほこ》っているところが、中国政府にとっては、ちょっと気に食わないんだよね。

だけど、例えば、もし、あなたがたがインドに伝道して何百万人も信者を獲得《かくとく》したり、アメリカにも信者を増やしたりして、ものすごく勢力を広げていったら、中国にとっては、かなりの脅威《きょうい》ではあるわな。

日本国内では、まだ幸福の科学の活動に対する報道は十分活用されていないし、たまにマイナス情報が出るぐらいでとどまってはいるけど、これも、「いつか引っ繰り返されるのではないか」と心配はしている。

最近も、「広告費でマスコミを操縦しているのではないか」という記事が出たらしいね。あなたがたは、「自分たちのことを誹謗中傷《ひぼうちゅうしょう》された」と思って怒《おこ》るだろうけれども、中国から見たら、「本当かもしれない」と思って、恐《おそ》れている。

本当に、お金でマスコミを操縦し始めたら、それは怖いことだ。

中国は、努力して、創価学会を懐柔《かいじゅう》し、日本の前線基地と言うか、〝橋頭堡《きょうとうほ》〟

として、公明党と創価大学をつくったのに、それに対してカウンターを撃《う》つように、幸福の科学は、幸福実現党や幸福の科学大学をつくろうとしているように見える。向こう（創価大学）は中国の〝スパイ養成所〟だったので、幸福の科学が、それに対するカウンターを撃ちに来ている感じがする。時代的に、宗教的な勢力が逆転した場合には、政治的な勢力としても変動が起きてくる可能性はあるので、十分に怖い。

今、中国は総力を挙げて「大川隆法の戦力分析《ぶんせき》」をしている

孫文　現在、「数万人の大集会を開き、それを全世界に衛星中継《ちゅうけい》している」などという人は、大川総裁のほかにいないので、ものすごく怖いです。

だから、「日本のマスコミが幸福の科学のことを取り上げない理由」も、中国人から見ると、「もしかすると、幸福の科学が悪《あ》しきものだから、あるいは、宗

教だから紹介《しょうかい》しないというのではなく、彼らを恐れているからではないか」という感じを持っているわけですね。

大川総裁を「革命家」として見た場合には、度が過ぎている。すでに革命家のレベルは過ぎているんですよ。

革命家としては、「世界各地、九十カ国以上に支部や拠点《きょてん》を持ち、数万人を集めて講演し、それを全世界、何千カ所にも衛星中継をかけている」というのは、度が過ぎている。これは、もう、革命家ではないですよ。実は、もっと上を行《い》っている。習近平が「世界帝国をめざす男」なら、こちらも別の意味で、「世界宗教によって世界を制圧しようとしている」というようにも見えなくはないわな。だから、十分に怖い戦力ですねえ。

逆に言うと、向こう（中国）がやりたいことは、日本で〝平和勢力〟と称《しょう》してきた「アンチ軍事主義」「アンチ拡張主義」「アンチ原発」、それから、「アンチ資本主義」「大企業《きぎょう》反対」型の人たちの「幸福の科学に対する敵意」を燃え上がらせることによって、国内を〝内戦状態〟にし、「幸福の科学を潰《つぶ》す運動」に持っていきたいということだね。今の中国のゲリラ作戦の目的は、基本的には、そこにある。

ただ、出版されている本の思想の力がすごく強く、海外で翻訳《ほんやく》されているし、中国国内にも入ってくるので、止められないんだよ。英語版でも、その他の翻訳版でもね。今、中国人は、海外に出られるようになってはいるのでね。

海外渡航《とこう》を禁止してしまえば、思想の流入を完全に封鎖《ふうさ》できるんだけど、ビジネスで海外に行っている人もいるので、そういうわけにもいかない。

また、「アメリカに留学させている中国人たちが、もし、留学先で〝洗脳〟をかけられたら……」という懸念《けねん》もある。留学した人を、共産党の幹部、エリート要員として、けっこう使っているため、内部革命が起きるきっかけとなる可能性もあるわけだ。「海外に出している人間が危ない。出先で伝道されると危険だ」と警戒《けいかい》はしている。

いずれにしても、「習近平を怖がらせるぐらいの団体になってきつつある」ということだね。

少なくとも、あなたがたが、「議席を持ちもせずに、総理のクビを飛ばす力があるらしい」という、何だかよく分からない、中国的には理解不能の恐ろしい〝権力構造〟を持っていることは、分かってきているんだよなあ。

だから、「『仏陀《ぶっだ》再誕』が中国で認められたら困る」というのが、中国政府の本音だ。そうなると、次は、中国のなかのお寺が、全部、幸福の科学の革命拠点に変わるかもしれないからね。

それと、あなたがたは、道教《どうきょう》のほうまで狙《ねら》っているんだろう? 「長男（大川宏洋《ひろし》）が『道教の本家』のような言い方をしているのは、そこに何か隠《かく》れた意図があるからではないか」と見ているわけだ。（注。大川宏洋の過去世《かこぜ》は道教の祖の一人、荘子《そうし》である。）

そのように、仏教と道教の両方を押《お》さえて、あと、儒教《じゅきょう》にも攻《せ》めてきている。中国は、主な伝統宗教はオッケーだけど、キリスト教やイスラム教は、一定以上、広がらないのが分かっているから、仏教、道教、儒教のところを攻められると、中国のなかに侵食《しんしょく》してくる感じになるのでね。

やはり、幸福の科学がいちばん恐ろしいです。だから、今、あなたがたに兵站《へいたん》というか、お金を付けさせたら、大変なことになりますよ。お金を付けたら、本当に革命を起こされてしまうから、むしろ、お金を付けさせないように努力しなければいけない。本当に、国家予算の一パーセント付けられたら、たまったものではないですよ。中国のほうとしては、お金をでも自由に使われたら、大変なことになります。一パーセントでも自由に使われたら、もう、世界各地での運動が活発化して、すごいことになるからねえ。

今、中国は、総力を挙げて、「大川隆法の戦力分析《ぶんせき》」をやっています。その戦力分析の結果を見るかぎり、今のところ、「これに対抗できるだけの思想家はいない」という結論が出ているんです。中国のなかにもいないし、中国以外の国にも存在しないし、「日本では、大川隆法を切り倒《たお》すような論敵をつくり出すことはできない」という感じが出ています。日本では、「すでにマスコミが敗れている」という判断が出ているのでね。

あとはもう、個人的スキャンダルのようなもので没落《ぼつらく》させる以外に方法がないので、金銭か、女性か、あるいは、犯罪行為《こうい》か何かに絡《から》ませて失脚《しっきゃく》させる方法を、今、考えていると思いますね。

「大川隆法は革命家を地上に送り込《こ》む存在」と見始めている中国

矢内　今のお話を伺っていて感じたのは、今回の事件もそうですが、「中国共産党が、なぜ、幸福の科学や大川隆法総裁をここまで恐れているのか」というと、ご存じのように、中国は易姓革命《えきせいかくめい》の国なので……。

孫文　それなんだ。

矢内　はい。易姓革命の意味は、「政府あるいは皇帝が、人々を苦しめるような間違った政治をしたときには、その政治体制を変えることを天が命ずる」というものであり……。

孫文　そう、それなんだ。まさしくそれなんだよ。だから、大川隆法が単なる革命家だったら、ワン・オブ・ゼム（one of them）というか、革命家の一人にすぎないんだけど、この思想を見ると、革命家じゃなくて、「革命家を地上に送り込《こ》んでいる人」という位置づけになるんだよ。いちばん怖いのは、これなんだ。

そうすると、要するに、「大川隆法は天命そのもの」ということになるわけだから、もし天命であることを認めた場合には、「天が『中国に革命を起こせ』と命じた」ということになる。そうしたら、革命が起きてしまうじゃないか。

矢内　そうですね。

孫文　だから、ここがいちばん恐ろしいわけなんだよ。

今のところ、大川総裁は、日本で「仏陀再誕」とのたまっている。それで、日本人は、無神論なのか、唯物論なのか、信仰心《しんこうしん》がないのかは知らないけど、「仏陀再誕」を名乗ってる者を弾圧できていないんだよ。日本はもっと頑張るべきだよね。本来なら、ちゃんと弾圧しなきゃいけないところを、二十五年も放し飼いにしているんでしょう?

そして、インド、スリランカ、他のアジア諸国、オーストラリア、それから南米、アメリカなど、いろんな所で伝道をやりまくっているけど、実質上、どこも弾圧できていないんですよ。

「仏陀再誕」なんていったら、気をつけないと、本当に国を乗っ取られる恐れがあるんだ。インドだって、国を乗っ取られる恐れはあるんだから、本当は弾圧しなきゃいけない。「仏陀が再誕した」と言って、インドを乗っ取りに来る可能性があるから、本当は武力弾圧をかけても構わないのに、何であんなにウェルカムなのか、納得《なっとく》がいかないね。

インドで否定してくれれば、中国国内に入ってきても止められるのに、向こうはウェルカムしているから、とっても危険だね。

また、香港《ホンコン》では、痛いところを突《つ》かれたねえ。心臓部を突いてこられた。香港人は、中国人であって中国人じゃないんだよ。中国人であって半分は欧米人《おうべいじん》なんだよな。

だから、みな、香港から逃《に》げ出すことしか考えていなかったのに、そういう香港人に対して、「中国のリーダーになれ」と言ったということは、「中国に革命を起こせ」と言ったということだ。これは、実は、中国の金持ち層に対して、「金持ちたちよ、団結して、中国人を貧しくしている共産党政府を倒せ」と指示を飛ばしたというように理解されているわけですよ。

つまり、「中国の国体を変えようとしている」と理解されているわけなので、中国としては、「仏陀再誕のところを、早く誰《だれ》か潰してくれないかなあ。日本の仏教者は頼《たよ》りない。実に情けない。仏教の宗派がたくさんあるのに、平気で黙《だま》っているのか」ということだねえ。

「中国政府を転覆《てんぷく》させる力がある」と見られている幸福の科学

矢内　「まさに天が地に降りられて、今の中国共産党に対し、変わることを命じている」ということを、彼らは感じ始めたわけですね。

孫文　うん。まあ、私も、ちょっと両方の立場に二股《ふたまた》をかけているからさあ、少し言いにくいんだよ。日本人を妻にしたこともあるから、日本人には、完全に敵対はできないんだ。

日本には、ずいぶん助けてもらったんでなあ。日本人に助けてもらわないと、中国の辛亥革命《しんがいかくめい》は起きていないからね。だから、日本に攻められたのも中国だけど、日本に助けてもらったのも中国なので、私の立場は非常に複雑なんだよ。

しかし、「新しい神が日本に降りた」ということになると、これは大変なことになります。戦後の中国の日本敵視政策、抗日政策、反日政策のところを引っ繰り返される恐れがあるので、そういうことになると大変だね。

できれば、日本には自力で幸福の科学を潰してしまっていただきたいところだ。そうでなければ、外国で邪教扱《じゃきょうあつか》いをし、弾圧などをかけてほしいんだけど、そういうことは、どの国でも起きていない。

だから、中国だけで、法輪功のように弾圧できるかどうかだね。法輪功に関しては、中国以外の国は特に関心を持っていない。あれで政府が転覆《てんぷく》するような国は、どこにもないのよ。あんな気功団体が国を倒すなんていうことはありえないので、どこも用心をしていないんだけれども、幸福の科学に関しては、政治、経済、軍事、外交にまで口を出してくるオールマイティーな宗教だから怖いわけだよ。

要するに、「大川隆法の本質がいったい何なのか」ということだね。これが、やはり、習近平を怖がらせていますよ。彼は、二〇二〇年までに勝負をつけるつもりでいるらしいが、これは、あなたがたが思っている以上に、「幸福の科学の戦力を大きく見ている」ということだ。つまり、「幸福の科学が、日本の政府もマスコミも、実は操作し、押さえ込んでいる」と見ているわけだ。

幸福の科学は、はたして「中国の救世主」になりうるのか

孫文　しかし、私は、いちおう中国人ということになっているんだよなあ。

矢内　ええ（笑）。

孫文　私は、日本にいたから、自由に日本語をしゃべれるし、日本の本も読める。だから、ある意味では、半分は日本人なんだけども、クリスチャンでもあるから、あなたがたの本は、よく分かる。あなたがたの気持ちもよく理解できるし、今の中国には間違った思想に基《もと》づいて成り立っている部分があることも事実ではある。経済のところを自由化したので、政治の自由化が次に来る課題であることは、もう分かってはいる。

今でも、もう、年に万の単位で暴動が起きているし、これがもう一段、組織化された革命運動になってきたときには、やり方を間違うと大勢の人が死にます。まあ、辛亥革命のときも大変で、さっきも黄興《こうこう》の話が出ていたけれどもね。

実際、中国では、人数が多いから、人間の命が安いんだ。「人間が一人死ぬ」といっても、本当に、あなたがたから見れば、ペットを殺されたぐらいの痛みしか感じないからね。中国では、もう、そのくらい人が余っているんだよ。

本当は、この人口を三億人ぐらい減らしたら、食料問題はすっきり解決するんだ。三億人ぐらい死んでも構わないぐらい人が余っている。ただ、それを内乱でやられるとなると、実際、そうとうなことが起きるのでね。

だから、「いちばん警戒すべきは幸福の科学」という感じだと思うんだけど、君たちが、はたして中国の救世主になりうるのか。それとも、革命運動のリーダーになって中国に内戦をたくさん起こし、大勢の人を死なせてしまうような結果になるのか。まあ、このへんの読みだよな。

「大勢の人が死ぬ」となったら、それは、もうちょっと平和的にならねばいかんし、もし、「核戦争のようなものまで用意して、（中国に）武力制圧をかけるつもりでいる」というのなら、それをどうするかということも、もう一つ、考えておかないといけないしねえ。

でも、あなたがたは、どんなことでもできるような、そうとう自由なスタンスを現実に取っている。これは怖いね、ある意味では。

矢内　中国の民主化を推《お》し進め、日本を含《ふく》めたアジアの自由と民主主義を守るために、今、私たちができることは、「大川隆法総裁の教えをしっかりと伝えつつ、その教えのなかから幸福実現党の政策を編《あ》み出し、それを、あまねく日本や世界に広げていく」ということだと思います。これが、「日本、そして中国や世界に対する最大の力である」ということを孫文先生から教えていただいたように感じます。

孫文　いやあ、だから、次の防波堤《ぼうはてい》は、国会議員の選挙で、何としても連続落選を続けさせることだ。それが、やはり日本政府の使命だろうし、中国革命を起こしにくくすることだね。

あなたがたが、それを打ち破るか、打ち破らないか。今のところ、政党のほうは、まだちょっと力が弱そうだなあ。行けそうかい？　どうかねえ？

矢内　奮闘努力させていただいております。

孫文　うん。だけど、長くやると、やはり浸透《しんとう》してくる可能性はあるので、資金が尽《つ》きることを願っているのが反対勢力の考えじゃないかねえ。

「思想戦としての霊性《れいせい》革命」はすでに起きている

矢内　孫文先生が亡《な》くなられるときに、「今は革命が成功していないように見えるかもしれないけれども、残された同志よ、全力を尽くして頑張れ」というようなお話をされたと伺っております。

孫文　だからね、本当は思想のレベルで革命はすでに起きているんだよ。

つまり、思想がいちばん最初であり、思想の次に、それを実行する部隊が壮絶《そうぜつ》な戦いを繰り広げる。そのとき、被害《ひがい》はたくさん出るんだけど、最後に、お金を持ってきて仕上げる勢力が、革命を完成させるんだ。

あなたがたは、政治のほうでは、今、後発《こうはつ》かもしれないけど、思想戦としては、もうすでに、ある意味での「霊性革命《れいせいかくめい》」が起きているんだよ。霊的な革命が、もうすでに起きているんだ。この霊的革命を起こされてしまうと、要するに、中国共産党が、いちおう公式上では拠《よ》って立つところのマルクス・レーニン主義的な立場が崩《くず》され、中国が「虚無《きょむ》に基づく国家」ということになってしまう。

今回、「孫文の霊言」を出してきたことについても、中国にとっては、うれしいような、うれしくないようような、両方の気持ちがあるだろうね。孫文を出してきて、「この人は、神様もあの世も信じていて、幸福の科学にも協力している」ということになると、これは、中国人民の引き裂《さ》き作戦に相当するよね。

当局としては、大川隆法にまで手を伸《の》ばすのは、なかなか大変だろうから、「まずは、幸福の科学出版社長を引っ捕《と》らえる」ということが、一つの目標かもしれないねえ。（佐藤に）あなたは、中国語をしゃべれる人を早く雇《やと》って、代理で派遣《はけん》するようにしなければいけないね。

だからねえ、本当は幸福の科学に対して何か弾圧を加えたいんだけど、怖くてなかなかできない。というか、今は、世界がワールドワイドに広がってきつつあって隠せないので、今、中国はけっこう攻められているんだよ。

例えば、今、チベットが活発化してきているよね。辛亥革命も百年だけど、チベットも「中国に占領《せんりょう》されて五十周年」とか言って活発化している。

ダライ・ラマも、「引退する」などと言いつつ、まだ、ごそごそやっているけれども、あれは、あなたがたに期待をかけているんだよ。あっちにも、『仏陀再誕』と言って戦うなら勝てるんじゃないか」と思って、期待しているところがあるので、チベットのほうも、もうすぐ寄ってくると思う。「ネパールばかりでやらないでくれ。チベットだって仏教国なんだから、国を取り戻《もど》してくれ」って、きっと、もうすぐ言ってくると思う。

これは非常にうっとうしいね。君たちの存在は、非常にうっとうしい。中国は、今、本当はネパールを取る気でいるからね。ネパールを毛沢東《もうたくとう》派で押さえて、根こそぎ取ってしまう戦略をとっているので、君たちの出現は、非常に危険だね。

要するに、ネパールに幸福の科学の信者が増えた場合、「ネパールを侵略する」ということは、「日本を一部、侵略している」ということと同じになってしまう。また、「インドも敵に回す」ということになってしまう。インドにとってのネパールは、ある意味で、中国にとっての北朝鮮《きたちょうせん》のような存在だからね。

だから、中国は、本当はネパールを取りたいんだ。ネパールを取れば、インド攻略の糸口になるので、実はネパールを取りたくて取りたくてしょうがないんだけど、幸福の科学が入ってきたために、ちょっと危険を感じているんだよ。

大川総裁は、「ネパールに万一《まんいち》のことがあったら、日本は助ける」と講演のなかで言い、それを、ネパールのテレビでも放送していたが、その発言を向こうは本気にしているからねえ。

つまり、「それは自衛隊が来るということかな」と、みな理解している。「それは、チベットのときのように、中国軍がネパールに攻めて行ったら、日本の自衛隊が来るということなのか。もしかして、日米が共同で来るということなのか」というように捉《とら》えてはいる。

ということは、「幸福の科学は、本当は、裏では政権を動かせるのではないか」

と見ているわけだ。

それと、「防衛省や自衛隊に対する布教《ふきょう》の食い込み方が、そうとう激しいらしい。幸福実現党の立候補者のなかに自衛隊出身者もかなりいたので、そうとう最深部まで洗脳されているのでないか」という理解をしているので、「けっこう怖いかもしれない」と感じているねえ。

また、今、防衛省の沖縄防衛局長が問題になっているけど［注］、彼が大川隆法のクラスメートだったということまで中国側はつかんでいるんだよ。

すなわち、「幸福実現党の運動は、実は、沖縄問題の解決にまでつながっている」ということをつかんでいて、「実際は、全部がつながっているのではないか。幸福実現党という政党をつくりつつ、本当は、自民党も民主党も天秤《てんびん》にかけて、裏で動かしている可能性がかなり高い。これは、危険領域に入ってきた」と感じているわけだ。

いやあ、私は、どっちの側の人間か分からんなあ（苦笑）。中国人でもあり、日本人でもあるような、もう怪《あや》しい感じだ。うーん、すみませんなあ。

矢内　ありがとうございます。

私たちは、孫文先生のご指導も頂きながら、必ず、革命を成就いたします。

孫文　いちばん困るのは、君らが、孫文を「光の天使」と称して宣伝しまくることなんだ。それがいちばん困る。中国としては、孫文は認めたいけど、「光の天使」ということになると、「あの世があって、天使なる者がいる」ということになってしまう。まあ、私はクリスチャンだから、天使との相性は悪くないからさ。それを信じる人が出てきたら、今度はキリスト教勢力まで君らの味方につくこともありうるのでねえ。

いや、でも、私は実際に天使なんだよ。まあ、天使と分類されるべき人間だ。ただ、中国人で天使っていうのは、相性というか、響《ひび》きが少し悪いけど、まあ、いちおう天使は天使なんだよ。

矢内　ありがとうございます。それでは、質問者を交替させていただきます。

孫文　うーん。

［注］二〇一二年二月の宜野湾《ぎのわん》市長選に際し、真部朗《まなべろう》防衛省沖縄防衛局長が、部下の職員に対して棄権《きけん》せずに投票することを呼びかけたとされる問題。

4　中国と台湾の「国父《こくふ》」孫文の本心

今、習近平《しゅうきんぺい》は、軍や共産党の幹部に「踏《ふ》み絵」を踏ませている

山下　月刊「ザ・リバティ」編集部の山下と申します。私は中華圏《ちゅうかけん》などの取材を担当させていただいております。

孫文　うーん。

山下　今、「光の天使」というお話がありましたが、昨年五月の香港巡錫《ホンコンじゅんしゃく》において、大川隆法総裁は、「孫文という方は、八次元如来界《にょらいかい》の存在であり、この地上

に光を投げかけている。そして、台湾《たいわん》、香港、北京《ペキン》、上海《シャンハイ》という地域に関心を持っている」ということを述べられました。

このことを前提といたしまして、現在、孫文先生は、地上のどのような人々に対して指導されているのでしょうか。この点についてお伺《うかが》いできればと思います。

孫文　うーん。それは難しいよ。それを言ったら、名前を出した人が粛清《しゅくせい》されるからね。危険だ。それはまずいんじゃないかなあ。名前を言った人は消される。中国はそういう国だよ。いちおう指導することを考えてはいるよ。考えてはいるけれども、それを言ってはまずいんじゃないかなあ。

今、習近平《しゅうきんぺい》が、「自分に対して完全に忠義を尽《つ》くすかどうか、裏切らないかどうか」という踏《ふ》み絵を踏ませているところだからね。軍の幹部と共産党の幹部の両方にとって、今年は踏み絵の年なんですよ。「自分の主席時代に、完全に忠誠を尽くすかどうか、完全に言うことをきくかどうか」という踏み絵を、今、踏ませていて、踏むのを躊躇《ちゅうちょ》するやつと、しないやつとの差を見ているところだ。そして、踏み絵を踏むのを躊躇したやつは外していくか、粛清するつもりでいる。

そういう意味では、最初に、ちょっと強権的に脅《おど》しをかけてきている。

だから、今、私が誰《だれ》を応援《おうえん》しているかを明かすのは危険だ。その人がいなくなる可能性があるので、ちょっと言いにくいところはあるんですけどね。

「国民党政府が中国を統治すべきだった」というのが孫文の本心

孫文　まあ、私の本心をはっきり言いましょうか。
今の中華人民共和国は、私を一種の国父《こくふ》とすることによって、「同じ国なのだから」ということで台湾を吸収合併《がっぺい》しようとしている。つまり、私を国父とすることによって、兵法が逆転してしまっている。

しかし、「正統な蔣介石《しょうかいせき》政府は、内戦で負けて台湾に追いやられて行ったが、本来、これは間違《まちが》っていたのであって、やはり、私の考えを受けた国民党政府が中国を統治すべきだった」というのが、私の本心です。

そういう意味で、中国は、国民党政府になるべきだったし、三民主義を基《もと》にして建国してほしかった。そうすれば、毛沢東《もうたくとう》の下での厳しい暗黒時代や、四人組の時代等もなかっただろう。また、鄧小平《とうしょうへい》の下でも、自由化をした一方で、軍事的弾圧《だんあつ》というか、国内弾圧をだいぶやりましたし、それ以降もやっていますけども、そういうものもなかっただろうし、日本との関係も、もっと良好にできただろうと思われます。

今、基本的に、アメリカは世界の盟主になろうとしてやっていると思うけれども、私は、やはり、「日本が世界のリーダーになるべきだ」と思っていますよ。最低限、東洋の盟主にはなるべきだ。やはり、東洋のリーダーになるべき国は日本だと思う。

私の時代には、中国人は四億人ほどで、日本人も、まだ五千万人か六千万人ぐらいしかいなかった。その数十年前には、わずか二、三千万人しかいなかったと思うのに、日本は、明治維新《いしん》後、三十年ぐらいで欧米《おうべい》に追いつき、追い越《こ》してきた。

それから、ワシントン条約（一九二二年、ワシントン会議において結ばれた海軍軍縮条約）のころには、艦船《かんせん》の数では、イギリスやアメリカのほうが多かったかもしれないけども、当時の日本には、世界の五大強国として十分に渡《わた》り合える力があったし、先ほど総裁が言っておられたように、「日本には中国を十日で滅《ほろ》ぼす力がある」と、生前、私は言った。短期間の間に、まさしく、それだけの強国になったので、明治レストレーション（The Meiji Restoration 明治維新）というのは、本当にすごいことだった。

私は、中国を、そういう明治維新のあとの文明開化みたいに、実は持っていきたかったんだよ。現在、中華民国は内戦で負けて台湾に行き、もう、中国の一部のようにされてしまっていて、日本に入国するときには「中国人」ということになっているけど、やはり、「中華民国が全中国を統一してほしかった」というのが、私の本当の希望で、三民主義を基にしてやってほしかった。

そうすると、少なくとも、私は、「中国のリンカン」ぐらいの位置づけにはなれたかなあと（笑）、思うんだけどな。

中国人は「日本人の英知」にもっと学ぶべきだ

孫文　でも、私はね、日本を尊敬しているから、生前、数多くの日本人と交流したし、中国と戦争をしたにもかかわらず、日本人たちの考え方は、そんなに狭《せま》いものではなかったよ。中国の革命家たちをかくまって支援するだけの見識を持っていたからね。

まあ、日本が中国の内陸部まで行って戦ったのは、私の望むことではなかったけども、私は、「アメリカに日本を攻撃《こうげき》させる」ということについては、やはり反対しましたね。「アメリカに、日本に原爆《げんばく》を落とさせたりして、日本が負けることは、東洋にとってはマイナスだ」と思っていた。「東洋をヨーロッパの侵略《しんりゃく》から守ってくれるのは日本しかない」と思っていたのでね。

今だって、中国は、国が大きいし、「GDPは日本を超《こ》えたかもしれない」という言い方はするけども、十三億人以上が働いて、一億人少々の国と経済的に何とか競争しているような状態ですから、やはり、日本が先進国であることは間違いがないし、とても敵《かな》わない。

中国南部の上海とか、そのあたりの発展した地域でも、日本の平均賃金の半分ぐらいしか収入がないので、それから見ると、日本というのは、やはりトップランナーの一つだし、無限の智慧《ちえ》を秘めているよ。だから、中国人には、日本人の英知に学ぶべきところが多いと思う。

日本人は、中国の歴史について、よく学んでいらっしゃるし、四書五経《ししょごきょう》の世界というか、中国の古典についても、中国人より日本人のほうがよく勉強していて、内容を理解しておられるように思う。中国の『三国志』もよく読まれていて、『三国志』には三千人以上の人物が出てくるけども、日本人のなかには、それを知っている人が大勢いる。

一方、中国人のなかに、「源平《げんぺい》の戦いで、誰と誰が戦ったか」ということを知っている人がどれだけいるかといえば、それはもう、ほとんど、いやしませんよ。まったく知らないでしょうね。さらに、「その前はどうでしたか。大和朝廷《やまとちょうてい》の時代、壬申《じんしん》の乱では、誰と誰が戦ったのですか」「南北朝の戦いは、どういうものでしたか」と訊《き》いても、誰も答えられないでしょうね。

まあ、秀吉《ひでよし》が朝鮮《ちょうせん》出兵をしたことぐらいは、少し知っているかもしれないけども、織田信長《おだのぶなが》、秀吉、家康《いえやす》のあたりの「戦国時代からの日本統一の歴史」については、中国人は、ろくに知らないですよ。

このように、中国人は日本の歴史を学んでいないけれども、日本人は中国の歴史を勉強している。やはり、このへんの差は大きいと思うね。

私は、「日本をもっと研究しなければ駄目《だめ》だ」と思う。日本は、明治維新以降、短期間で欧米に追いついたけれども、それは、その前から、かなりのポテンシャルがあったことを意味している。だから、中国人は、日本人の勤勉性とか、不屈《ふくつ》の精神とか、道徳性とか、こういうものに学んだほうがいいよ。

日本人は、「無宗教だ」と言われてはいるが、震災《しんさい》があっても、あれだけ耐《た》えて、暴動も起きず、黙々《もくもく》と働いている。そういう日本人たちの姿を見ていると、むしろ、「これは、ある意味で、もう宗教が必要ない段階まで道徳意識が高まっているのだ」と見るべきだと思う。

あれだけの震災があったら、アメリカ人であっても、中国人であっても、暴動や略奪《りゃくだつ》は絶対に起きているし、火付けも起きているはずだよ。要するに、東北の震災であるにもかかわらず、東京あたりが焼き討《う》ちにあったり、東京のデパートなどが荒《あ》らされたりするのは当然なんだが、そういうことは起きていない。

東電だって、原発反対運動とか、いろいろやられてはいるけども、「東電にデモ隊が突入《とつにゅう》して占拠《せんきょ》した」というような話は、今のところ聞いていないからさ。だから、「この国民は、やはり、すごいなあ」と私は思うよ。「アメリカの次のモデルを示すことができるのは日本しかない」と思うので、私は、日本人に早く力を取り戻《もど》してもらい、東洋のリーダーから世界のリーダーになってもらいたいと思う。

中国には、まだまだ遅《おく》れているところがたくさんあるよ。外にはいいところだけを見せているけどね。新幹線を走らせたって、すぐに落っこちて、それを穴に埋《う》めてしまうような国ですよ。まだ、基本的な人権思想を持っていない。そういうものが分かっておらず、国の体面のほうが上にあるんだ。

その意味で、中国は、まだ、アメリカのリンカンの時代まで行っていないかもしれないなあ。そういう感じがする。政府のためなら、国民など、いくらでも犠《ぎ》牲《せい》にするようなところを持っているのでね。

幸福の科学の思想は「中国再建のキー」になるだろう

孫文　私としては、できれば、中国を、あまり戦争のようなものを経過させず、平和裡《へいわり》に、「もし、孫文が初代の総統として長生きし、統治したとしたら、つくったであろう」というような国家にしてほしい。また、台湾の選挙はなかなか思うように行かないようではあるけども、できれば、李登輝《りとうき》さんのような人が中国を統治してくれれば、日米中の関係もすごくよくなって、いいのではないかと思う。

今の中国の若いエリートたちは、米国留学もそうとうしていらっしゃるので、きっと国は変わってくると思います。次の世代で、たぶん変わってくると思う。彼らは、まだトップまで行っていないけれども、もうすぐ、そういう時代が来るから、きっと時代は変わってくるだろう。

まあ、日本の人たちは、あまり絶望なされないで、息長く、中国の改革、前進に、協力してくれるとうれしいね。

私は幸福の科学の善意を信じたい。幸福の科学は、別に、「中国人十三億皆《みな》殺し作戦」を立てている宗教じゃないと私は信じたいし、大川総裁は、中国の古典に何度も言及《げんきゅう》されて、中国に生まれた光の天使、光の指導霊《しどうれい》たちの教えにも十分な敬意を払《はら》っていらっしゃるから、よきものをちゃんと認めてくれていると思う。いいものと悪いものを峻別《しゅんべつ》されて、「中国から学ぶべきものは学ぶ」という気持ちを持っていらっしゃるからね。

別に、アメリカ一辺倒《いっぺんとう》でもないでしょう？　幸福の科学には、アメリカの光の天使はほとんど出てこないのに、中国の光の天使はいっぱい出てきていますでしょう？「そういうフェアな目を持っている」と私は信じているのでね。

幸福の科学の思想は、ある意味で、中国を再建するための非常に大きなキーになるのではないかな？

だから、台湾、香港あたりから広げていき、中国本土には、上海等の豊かな地域から入っていったほうがいいとは思う。まあ、北京まで辿《たど》り着くのに、どのくらいかかるかは分からないけれども、「できれば、中国が内戦状態になったりせず、思想的に国民を豊かにする運動のなかにうまく入っていって、明治維新以降に発展した日本のように中国を引き上げていってくだされればありがたい」と思うね。

5　孫文の過去世《かこぜ》と未来への希望

「二人の孫子《そんし》」のうちの一人、孫臏《そんぴん》として生まれた

佐藤　今、「光の天使」というお話がございましたが、孫文先生ご自身は、過去、どのような転生《てんしょう》をしていらっしゃるのでしょうか。

また、主エル・カンターレとの仏縁《ぶつえん》はおありなのでしょうか。そのあたりについて、差し支《つか》えのない範囲《はんい》でお教えいただけたら幸いです。

孫文　まあ、絶対に訊《き》くだろうと思ってはいたんだけどな（会場笑）。

そうだねえ、どこまで言うかねえ。うーん、いちおう中国の国父《こくふ》だから、言い

方を間違《まちが》うと、ちょっとよくないことがあるのでね。中国の国父が、変な所で生まれていると、まずいだろう？　まずくないか？

佐藤　いえ、差し支えのない範囲で結構ですので。

孫文　うーん。まずいんじゃないかなあ。何か、まずいような気はするんだがなあ。うーん、そうだねえ。どのくらいなら言ってもいいかねえ。うーん。
　あのねえ、孫子の兵法って聞いたことある？

佐藤　はい。

孫文　孫子って、実は二人いたのは知ってる？

佐藤　孫武《そんぶ》と孫臏《そんぴん》ですね。

孫文　そう、孫武と孫臏と、二人いたんだよな。

孫武っていうのは呉《ご》の国の人だったかな？　それで、孫臏っていうのは、膝《ひざ》から下を斬《き》られてね、身障者でありながら軍師をやって、復讐《ふくしゅう》というか、戦いを指導した人だ。どっちが本物の孫子か、よく分からないでいるようだけどね。まあ、うーん。ハハハ。

そのうちの一人がね、ピーター・ドラッカーとして生まれ、そのうちの一人が孫文として生まれたんだよ。

まあ、どちらと思うかは、好きにしていいが、どっちだと思う？

佐藤　孫臏様でしょうか。

孫文　うん、孫臏だよ。脛《すね》から下を斬られて不具になったけど、戦いを勝ち抜《ぬ》いた。「孫臏の兵法」として知られているけどね。

佐藤　そうでしたか。

孫文　兵法家だよ、私は。過去世《かこぜ》で、そういう身体《しんたい》の不自由も経験したので、今回、医者という職業を経験したんだよね。

それで、孫武が、ピーター・ドラッカーとしてアメリカに生まれた人だね。

もちろん、孫臏のあと、その途中《とちゅう》に生まれていないわけはないけども、サービスをするかしないか。ちょっと、どうしようかなあ。うーん、まあいいかなあ。

佐藤　ぜひ、お願いします。

キリスト教の宗教改革者として出たこともある

孫文　ええ？　うーん、まずいかもしれないからなあ。うーん、まずいかもしれない。もういいかなあ。どのくらいまでなら言ってもいいかなあ。うーん、うーん。ちょっとまずいかなあ。いいかなあ。どうかなあ。うーん。うーん……。
まあ、少し、まずいことはまずいんだけども（笑）、さっき、「生きていたときにはクリスチャンだった」っていう話もあったからさあ。まあ、正直に言うとすると、キリスト教の歴史のなかで、一回、現れています。

佐藤　そうですか。

孫文　うん。キリスト教の歴史でね、一回、現れている者です。だから、その意味では、関係はあります。キリスト教の歴史のなかで、まあ、一部、革命家的な役割も果たしたような人ということだなあ。うん。

佐藤　革命家ですか。

孫文　でも、ルターではない。ハッハッハッハッハ。

矢内　カトリックとプロテスタントが派を競《きそ》い合っていた時代ということでしょ

うか。

孫文　ハハハ。まあ、近いところあたりに来ているようだな。まあ、ルターでは

ない。しかし、キリスト教の改革運動をするに当たって、出たことがある。

矢内　カトリックのほうでしょうか。それともプロテスタントのほうでしょうか。

孫文　プロテスタントですね。

矢内　そうですか。

佐藤　カルバンですか。

孫文　ん？

佐藤　カルバンですか。

孫文　さあ、カルバンといえば有名な人だねえ。違うかなあ、どうかなあ。うーん、よく分からないねえ（会場笑）。あんまり、よく分からないや。
　だけど、何となく、ヨーロッパのあたりに縁があるような感じがするねえ。

佐藤　さようでございますか。

孫文　孫文は孫文だからね。中国の国父だからさ。

佐藤　はい。

孫文　まあ、そのへんでやめといたほうがいいんじゃない？　あんまり言うと、まずいじゃないか。

佐藤　はい。分かりました。

孫文　ヨーロッパ人と戦ったというか、中国が植民地にされて、ヨーロッパを排《はい》撃《げき》するまでけっこう大変だったんだからね。それが民族主義なんだから、「そういう民族主義を言っている人が、ヨーロッパ人だった」というのは、まずいじゃないですか。

だから、まあ、そのへんでよろしいと思います。

佐藤　分かりました。ありがとうございます。

孫文　はい、はい。

『仏陀再誕《ぶっだ》』や『太陽の法』を中国のお寺に献本《けんぽん》せよ

佐藤　今日は、本当に貴重なお話を頂きました。私たち幸福の科学が、中国政府から、そうとう脅威《きょうい》に思われていることがよく分かりました。

われわれは、あくまでも平和裡《へいわり》に、仏法真理《ぶっぽうしんり》を通じて、宗教の壁《かべ》、人種や肌《はだ》の色の違い、言語の違いなどを乗り越《こ》えて、本当に人類が一つにまとまれるような平和な世界、ユートピア世界をつくっていきたいと考えております。

そのために、これからも努力してまいりますので、孫文様におかれましても、ぜひ、幸福の科学のご指導を、今後ともよろしくお願い申し上げます。

孫文　うん。まあ、中国語訳した『仏陀《ぶっだ》再誕』と『太陽の法』（共に幸福の科学出版刊）あたりを、お寺に投げ込《こ》んでいきゃあいいのよ（会場笑）。

佐藤　（笑）そうですか。

孫文　どんどん、お寺に投げ込んでいきゃあいいんだよ。献本《けんぽん》する先はお寺だよ。

佐藤　はい、ありがとうございます。

孫文　間違わないようにな。

佐藤　はい。

孫文　お寺に観光に行って、本を置いていくんだよ。な？
あ、余計なことを言ったかな？

佐藤　本日は長時間にわたり、まことにありがとうございました。

孫文　はい。

大川隆法　（一回、拍手《はくしゅ》をする）

中国が孫文の考え方で行けば「平和な時代」をつくれる

大川隆法　はい。ということでした。何か、中国人だか日本人だか分からないような言論が、あっちへ行ったりこっちへ来たりしていたような感じでしたね。まあ、革命は成就《じょうじゅ》したけれども、「思うように進行しなかった部分もあった」ということでしょうか。

佐藤　はい、そのようですね。

大川隆法　そのような感じですね。つまり、内戦で敗れたところが、少し失敗だったのかな。

佐藤　はい。

大川隆法　うーん、あのへんですね。

だから、日本の政府とも関係はあります。蔣介石《しょうかいせき》と対立関係に入った近衛《このえ》さん（近衛文麿《ふみまろ》）のあたりに問題があるのかもしれないですね。

佐藤　なるほど。

大川隆法　結局、米軍を引き込む作戦を取られて、やられたんですよね。向こうは、もともと、そういう作戦を持っていたんだけど、それにやられたわけですね。

まあ、ちょっと、あのへんは欲張ったかな。

とにかく、中国が孫文のような考え方で行ってくれると、やはり楽ですし、平和な時代をつくれる可能性はあると思いますね。

佐藤　はい。

大川隆法　まあ、何らかの役に立てばありがたいと思います。

佐藤　有効に使わせていただきます。本当にありがとうございました。

大川隆法　はい。

あとがき

「革命いまだ成らず」の思いを残してこの世を去った孫文の、霊界（八次元如来界）からのスピリチュアル・メッセージである。

孫文が本当に願っていた三民《さんみん》主義に基づく革命を成就《じょうじゅ》できるよう応援したいものだ。

そして中国政府にも、孫文がクリスチャンであり、神を信じ、あの世も霊も信じ、マルクスの階級闘争を批判し、神の下《もと》の平等の実現を願っていたことを知ってほしい。

孫文なら、毛沢東《もうたくとう》政府のように中国の経済的発展の遅れや失政を日本のせいにはしなかったろう。むしろ「日本人の勤勉さを見習え」と言ったろう。神を否定し、金儲けに走るのを「エコノミック・アニマル」という。かつての日本につけられたあだ名が、そっくり中国に返されないことを願う。

二〇一二年　三月一日

幸福《こうふく》の科学《かがく》グループ創始者兼総裁《そうししゃけんそうさい》　大川隆法《おおかわりゅうほう》

『孫文のスピリチュアル・メッセージ』大川隆法著作関連書籍

『アダム・スミス霊言による「新・国富論」』（幸福の科学出版刊）

『世界皇帝をめざす男』（幸福実現党刊）

『北朝鮮―終わりの始まり―』（同右）

孫文《そんぶん》のスピリチュアル・メッセージ
――革命の父が語る中国民主化の理想――

2012年３月17日　初版第１刷

著　者　　大《おお》 川《かわ》 隆《りゅう》 法《ほう》

発行所　幸福の科学出版株式会社

〒142-0041 東京都品川区戸越１丁目６番７号
TEL(03)6384-3777
http://www.irhpress.co.jp/

印刷・製本　株式会社 堀内印刷所

落丁・乱丁本はおとりかえいたします

ISBN978-4-86395-184-6 C0030

大川隆法ベストセラーズ・中国・北朝鮮指導者の本心

マルクス・毛沢東のスピリチュアル・メッセージ

衝撃の真実

共産主義の創唱者マルクスと中国の指導者・毛沢東。思想界の巨人としても世界に影響を与えた、彼らの死後の真価を問う。

1,500円

世界皇帝をめざす男

習近平の本心に迫る

中国の次期国家主席・習近平氏の守護霊が語る「大中華帝国」が目指す版図とは？ 恐るべき同氏の過去世とは？

【幸福実現党刊】

1,300円

北朝鮮 ─終わりの始まり─

霊的真実の衝撃

「公開霊言」で明らかになった北朝鮮の真実。金正日が自らの死亡前後の状態を、後継者・金正恩の守護霊が今後の野望を語る。

【幸福実現党刊】

1,300円

※表示価格は本体価格（税別）です。

大川隆法 ベストセラーズ・米大統領選の行方を探る

ネクスト・プレジデント

ニュート・ギングリッチへの
スピリチュアル・インタヴュー

米大統領選の候補者ギングリッチ氏の政策とアジア戦略が明らかに。守護霊インタヴューでしか知りえない衝撃の真実がここに。
【幸福実現党刊】

1,300 円

ネクスト・プレジデントⅡ

守護霊インタヴュー
ミット・ロムニー vs. リック・サントラム

アメリカは世界の警察ではなくなる!? ロムニー氏とサントラム氏の守護霊インタヴューから見えてくる、日本と世界の運命とは。
【幸福実現党刊】

1,500円

モルモン教霊査

アメリカ発新宗教の知られざる真実

モルモン教の本当の姿を探るため、教祖ジョセフ・スミスの霊にインタヴューを行う。そこから見えたアメリカの歴史的問題とは。

1,300 円

モルモン教霊査Ⅱ

二代目教祖ブリガム・ヤングの霊言

モルモン教徒・ロムニー氏が大統領になったら、キリスト教国としてのアメリカは終わる?二代目教祖の霊が語る「真実」とは。

1,300 円

幸福の科学出版

幸福の科学グループのご案内

宗教、教育、政治、出版などの活動を通じて、地球的ユートピアの実現を目指しています。

宗教法人　幸福の科学

一九八六年に立宗。一九九一年に宗教法人格を取得。信仰の対象は、地球系霊団の最高大霊、主エル・カンターレ。世界九十カ国以上に信者を持ち、全人類救済という尊い使命のもと、信者は、「愛」と「悟り」と「ユートピア建設」の教えの実践、伝道に励んでいます。

（二〇一二年三月現在）

公式サイト
http://www.happy-science.jp/

愛

幸福の科学の「愛」とは、与える愛です。これは、仏教の慈悲《じひ》や布施《ふせ》の精神と同じことです。信者は、仏法真理をお伝えすることを通して、多くの方に幸福な人生を送っていただくための活動に励んでいます。

悟り

「悟り」とは、自らが仏の子であることを知るということです。教学《きょうがく》や精神統一によって心を磨き、智慧《ちえ》を得て悩みを解決すると共に、天使・菩薩《ぼさつ》の境地を目指し、より多くの人を救える力を身につけていきます。

ユートピア建設

私たち人間は、地上に理想世界を建設するという尊い使命を持って生まれてきています。社会の悪を押しとどめ、善を推し進めるために、信者はさまざまな活動に積極的に参加しています。

国内外の世界で貧困や災害、心の病で苦しんでいる人々に対しては、現地メンバーや支援団体と連携して、物心両面に渡り、あらゆる手段で手を差し伸べています。

年間3万人を超える自殺者を減らすため、全国各地で街頭キャンペーンを展開しています。

公式サイト
http://www.withyou-hs.net/

ヘレン・ケラーを理想として活動する、ハンディキャップを持つ方とボランティアの会です。視聴覚障害者、肢体不自由な方々に仏法真理を学んでいただくための、さまざまなサポートをしています。

公式サイト
http://www.helen-hs.net/

教育

学校法人 幸福の科学学園

幸福の科学学園中学校・高等学校は、幸福の科学の教育理念のもとにつくられた学校です。人間にとって最も大切な宗教教育の導入を通じて精神性を高めながら、ユートピア建設に貢献する人材輩出を目指しています。

幸福の科学学園
中学校・高等学校（男女共学・全寮制）
2010年4月開校・栃木県那須郡

TEL **0287-75-7777**
公式サイト
http://www.happy-science.ac.jp/

関西校（2013年4月開校予定・滋賀県）
幸福の科学大学（2016年開学予定）

仏法真理塾「サクセスNo.1」

小・中・高校生が、信仰教育を基礎にしながら、「勉強も『心の修行』」と考えて学んでいます。

TEL **03-5750-0747**（東京本校）

心の面からのアプローチを重視して、不登校の子供たちを支援しています。

不登校児支援スクール「ネバー・マインド」

幼少時からの心の教育を大切にして、信仰をベースにした幼児教育を行っています。

エンゼルプランV

学校からのいじめ追放を目指し、さまざまな社会提言をしています。また、各地でのシンポジウムや学校への啓発ポスター掲示等に取り組むNPO「いじめから子供を守ろう！ネットワーク」を支援しています。

公式サイト **http://mamoro.org/**

ブログ **http://mamoro.blog86.fc2.com/**

相談窓口 TEL.**03-5719-2170**

政治

幸福実現党

内《ない》憂《ゆう》外《がい》患《かん》の国難に立ち向かうべく、二〇〇九年五月に幸福実現党を立党しました。創立者である大川隆法党名誉総裁の精神的指導のもと、宗教だけでは解決できない問題に取り組み、幸福を具体化するための力になっています。

党員の機関紙
「幸福実現News」

TEL 03-3535-3777
公式サイト
http://www.hr-party.jp/

出版メディア事業

幸福の科学出版

大川隆法総裁の仏法真理の書を中心に、ビジネス、自己啓発、小説など、さまざまなジャンルの書籍・雑誌を出版しています。他にも、映画事業、文学・学術発展のための振興事業、テレビ・ラジオ番組の提供など、幸福の科学文化を広げる事業を行っています。

TEL 03-6384-3777
公式サイト
http://www.irhpress.co.jp/